자유를 위한 계획이란 없다

CFE 자유기업원

자유주의시리즈 75
자유를 위한 계획이란 없다

2019년 11월 25일 초판 1쇄 발행
2020년 12월 21일 초판 2쇄 발행

저자_ 루드비히 폰 미제스
역자_ 안재욱 · 이은영
발행자_ 최승노
디자인_ 인그루출판인쇄협동조합
발행처_ 자유기업원
주소_ (07236) 서울시 영등포구 국회대로62길 9 산림비전센터 7층
전화_ 02-3774-5000

ISBN 978-89-8429-168-3 (93320)
정가 16,000원

자유주의시리즈 75

자유를 위한 계획이란 없다

루드비히 폰 미제스 지음 안재욱 · 이은영 옮김

CFE 자유기업원

PLANNING FOR FREEDOM

by

Ludwig von Mises

Copyright ⓒ1974 Memorial Edition (Third) by Bettina Bien Greaves,
published by Free Market Book
All rights reserved

Korean Translation Copyright ⓒ 1998 by Center for Free Enterprise,
Korean edition is published by arrangement with Bettina Bien Greaves.

이 책의 한국어판 저작권은 Bettina Bien Greaves의 동의를 얻은
자유기업원에 있습니다.
저작권법에 의해 한국 내에서 보호를 받는 저작물이므로
무단전제와 무단복제를 금합니다.

초판 서문

　이 책에 소개된 강연과 논문의 저자인 루드비히 폰 미제스 교수는 우리 시대 최고의 경제학자 중 한 사람이다. 초기에 그는 스승인 위대한 오스트리아 경제학자 칼 멩거Carl Menger와 뵘바베르크Bohm-Bawerk의 영향을 받았다. 그는 여러 학문적 연구를 통해 모든 중요한 경제문제를 체계적으로 분석했고, 치명적인 오류를 날카롭게 들춰냈으며, 잘못된 오류를 폐기하고 대신 올바른 이론으로 대체했다. 마침내 1949년 자신의 연구결과들을 통합해 경제정책뿐만 아니라 모든 경제이론을 다루는 포괄적인 저술인 『인간행동Human Action』이라는 위대한 저서를 내놓았다.

　화폐와 신용에 관한 연구에서 미제스 박사는 인플레이션과 신용 확대 정책을 선호하여 내놓는 모든 주장의 허구성을 밝혀냈다. 그는 '금융완화easy money' 정책이 인위적으로 만들어내는 호황이 어떻게 필연적으로 불황으로 이어지게 되는지를 보여주었다. 경제 불황기가 거의 규칙적으로 반복하며 발생하는 이유가 시장경제, 또는 자본주의 제도의 특성에 내재하는 결점 때문이 아니라, 그와는 달리 때때로 좋은 의도가 있긴 하지만 항상 무분별하게 추진되는 정책의 필연적인 결과 때문이라는 것을 증명하였다. 인플레이션과 신용확대의 주창자들은 소위 오스트리안 경기 순환이론the Austrian theory of the trade cycle이라 불리는 이 이론의 신빙성을 떨어뜨리려고 노력했지만 허사였다. 1923년 독일 통화의 붕괴, 1930년대의 대공황, 현재의 인플레이션으로 야기된 문제 등과 같은 사건들이 그 정확성을 확실하게 증명했다.

사회주의, 공산주의, 계획정책, 그리고 물가와 임금통제 등과 같은 시장에 대한 모든 종류의 정부간섭의 효과를 다룬 미제스 박사의 저작들은 그의 화폐, 자본 및 신용 문제에 대한 공헌 못지않게 중요하다.

경제학자는 현실에 대한 순수한 분석과 과학적 해석으로는 만족할 수 없다. 경제학자의 가르침에는 본질적으로 잘못된 정책들을 시행하는 정당들에 대한 공격이 포함되어 있다. 초기의 연구부터, 미제스 박사는 한 경제학자로서, 시행될 경우 유럽의 문명과 부를 망쳐버리게 될 것이 분명한 신조와 교리를 맹렬히 반대해왔다. 그는 히틀러의 국가사회주의National Socialism의 선봉장인 독일의 역사학파와 세계에서 가장 무자비한 독재 정권의 앞잡이인 마르크스주의자를 대담무쌍하게 공격했다. 그리고 오늘날 그는 미국에서 전면적인 통제에 대한 사고방식이 점점 이와 동일하게 되어가고 있는 것과 싸우고 있다.

사람들이 역사적 경험이나 이론에서 배우지 못한다는 말이 있다. 오늘날 대부분의 미국 대학에서 유럽을 망친 사이비 철학이 학생들에게 주입되고 있는 것은 슬픈 일이다. 수백 번 반박된 아주 오래된 오류들이 '신경제학'이라는 기만적인 호칭 하에 현란하게 선전되고 있다. 베블레니언Veblenaians, 마르크스주의자Marxians, 케인지언Keynesians들이 여전히 경제의 '사회적' 통제, 계획, 적자지출을 터무니없이 미화하면서 장악하고 있다. 그러나 그들의 편협한 독단주의는 자라나는 세대의 마음을 지배하는 데 실패하기 시작했다. 미제스의 수많은 옛 제자들 중 가장 뛰어난 하이에크Hayek 교수는 이렇게 말했다.

"미제스의 몇몇 제자들조차도 종종 미제스가 최선의 결론에 도달하기 위해 흔들림 없이 끈질기게 추구한 추론을 과장된 것으로 여기는 경향이 있었다. 그러나 그의 시대의 정책들이 초래할 경제적 결과에 대해 그가 습관적으로 보여준 확고한 비관주의적 판단은 거듭거듭 옳은 것으로 밝혀졌다. 그리하여 결국 거의 모든 면에서 당대 주류 사상과 대치되었던 그의 저작들의 근본적인 중요성을 인식하는 사람들의 범위가 점점 더 확대되었다."

일반적으로 루드비히 폰 미제스 박사는 오늘날 경제적 자유가 다른 모든 자유에 없어서는 안 될 기초라고 주창하고, 각양각색의 전체주의적 노예제에 반대하여 용감하게 목소리를 높이는 사회과학자 중에서 가장 두드러지는 인물로 인식되고 있다.

이 책에 모아놓은 논문과 강연들은 일반 독자의 흥미를 끄는 미제스 교수의 일부 저작들이다. 다시 말해서 이것들은 광범위하고 방대한 책 속에 나타난 그의 견해에 대한 개론이라고 할 수 있다. 이것은 현대의 사람들을 적대적인 두 진영으로 분열시키고 있는 중대한 경제문제들을 다루고 있다. 이 책은 그의 방대한 저작물들과는 달리 관련된 문제의 모든 측면을 다루지 않는다. 단지 우리시대에 커다란 사상적 갈등을 겪고 있는 가장 중요한 문제들에 대한 논평이다.

오늘날의 상황이라면 미래에 대한 암담한 비관론에 빠지지 않을 학자는 없다. 저자도 예외는 아니다. 그러나 이 책의 마지막 두 글(이 책에서는 12장과 13장)이 보여주려고 한 것처럼 비관적인 전망에 대한 실체화된 근거는 없다. 오늘날 우리는 분명히 파국을 향해 치닫고 있다. 그러나 추세는 변할 수 있다. 추세는 과거에도 자주 변했으며, 다시 변할 것이다.

1952년 5월
Libertarian Press

역자 서문

이 책은 미제스의 『자유를 위한 계획Planning for freedom』의 제3판을 번역한 것이다. 초판은 1952년에 출판되었다. 초판에는 단지 12개의 논문과 강연만이 포함되어 있었다. 제2판은 초판에 1개의 논문을 추가하여 1962년에 출판되었고, 제3판은 미제스 교수가 타계한 1973년 다음해인 1974년에 그의 제자와 그와 가까웠던 사람들의 추모 글을 포함시켜 기념판으로 만든 것이다.

사실 20년 전에 『자유를 위한 계획Planning for freedom』의 제4판을 번역해 내놓았었다. 모두 절판이 되었고, 많은 독자들이 복간요구를 했다. 복간하기로 결정하고 복간하기 전에 다시 읽어보니 번역체 문장이 많고 읽기가 불편한 곳이 많이 발견되었다. 그래서 그대로 다시 인쇄하기보다는 새로 번역을 하는 것이 낫겠다고 판단했다. 일일이 문장 하나하나를 다시 번역했다. 독자들이 20년 전의 번역판보다는 훨씬 수월하게 읽을 수 있을 것으로 생각한다.

이전에 번역한 제4판에는 미제스 교수가 쓴 "금 문제", "자본공급과 미국의 번영", "자유와 그 반대", "경제학 이론에 미친 나의 공헌", 그리고 잘 알려진 미제스의 제자 라스바드Murray N. Rothbard가 미제스의 인생과 가르침을 명료하게 묘사한 "미제스의 핵심"이 들어 있다.

이번에 이러한 글들이 들어있지 않은 제3판을 번역한 이유는 '자유를 위한 계획'은 '사회주의로 가는 길'이라는 일관된 하나의 주제를 전하고 싶어서였다. 위에 언급한 글들은 이러한 주제에 조금 벗어나 있는 것들이어서 포함하지 않는 것이 오히려 전달하고자하는 메시지가 분명해 보였다.

미제스는 '자유를 위한 계획'은 허구라는 것을 논리적으로 설명하고 있다. 많은 사람들이 자유로운 자본주의 체제가 전체적인 사회주의 체제보다 우월하다는 것은 인정한다. 그러나 자본주의 체제만으로는 사회의 혼란이 확산되고 많은 사람들이 불공정하게 착취당할 수 있기 때문에 시민들의 자유를 위해 정부가 부분적으로 통제하고 계획해야 한다고 주장한다.

이러한 주장에 대해 미제스는 단호하게 반박한다. 정부가 좋은 의도로 간섭하고 규제하지만 실제로 시장과 경제에 나타나는 결과는 정부의 의도와는 전혀 다르다. 오히려 상황을 더욱 악화시키는 결과가 초래된다. 여기서 정부가 잘못을 인정하고 잘못된 정책을 포기하든가 수정해야 하는데, 그렇지 않고 다른 간섭과 규제로 문제를 해결하려고 한다. 그것은 또 다른 문제를 초래해 상황을 더욱 악화시키고, 정부는 규제와 간섭을 더욱 늘리게 된다. 그러다보면 결국 정부가 모든 것을 계획하고 통제하는 사회로 간다.

그리하여 미제스는 정부가 간섭하고 개입하는 체제는 결코 황금의 중용의 체제가 아니고 종국에는 전체주의, 사회주의 체제로 가는 과정이며 끊임없는 경제 및 사회 문제를 일으킨다고 주장한다. 미제스는 이것을 단순히 이론적 설명에 그치는 것이 아니라 영국과 독일 등 유럽 국가들의 역사적 경험을 들어 이에 대한 실증을 제시하고 있다.

여기에 실린 글들은 70여 년 전에 써진 것들이다. 당시 미국 사회가 좌경화되어가는 것에 대한 우려가 담겨 있다. 미제스는 미국이 빨리 좌경화 추세에서 벗어나야 유럽 국가들이 겪은 어려움을 겪지 않을 것이라고 경고하고 있다. 70여 년 전의 미국 상황을 기술한 것임에도 불구하고 그의 글들이 오늘날 우리 한국 사회의 상황과 매우 유사한 것에 놀라지 않을 수 없다.

문재인 정부는 출범부터 정치적 이념에 바탕을 둔 '소득주도 성장'이란 기치 하에 전방위적으로 정부의 간섭과 개입을 늘려오고 있다. 급속한 최저임금인상, 획일적인 근로시간 단축, 비정규직의 정규직 전환, 법인세 인상, 통상임금 압박, 가맹점 제빵기사 직접 고용, 국민연금의 '스튜어드십 코드'를 통한 개별 기업에 대한 간섭 등 헤아릴 수 없을 정도다. 이뿐만 아니다. 근로시간 단축 청구권 법제화, 직장 내 괴롭힘 방지법, 화학물질관리법 등 기업이나 기업인을 잠재적 범죄자로 취급하는 친노조-반기업정책이 줄을 잇고 있다.

이러한 정부의 조치들로 인해 경제성장의 둔화, 일자리 파괴, 실업 증가, 성장 동력 쇠퇴, 중산층과 자영업자 몰락, 기업도산 속출, 기업들의 생산 중단과 해외 탈출, 기업투자 감소, 빈곤층 소득 감소, 소득불평등 등 경제 곳곳에서 위기신호가 쏟아지고 있다.

미제스는 이미 70여 년 전에 소득주도성장이라는 것은 허구라고 지적했다. 그리고 임금 소득자들의 임금과 생활수준을 개선할 수 있는 유일한 방법은 자본투자를 늘리는 것이라 했다. 자본가와 기업가를 비방하고 그들의 활동을 방해하는 것은 빈곤에 이르는 길이라고 설파했다. 국가의 번영과 노동자들의 임금은 투자되는 자본의 지속적인 증가에 있으므로, 새로운 자본의 투자와 축적을 저해하는 모든 장애를 제거하는 것이 정부가 해야 할 가장 중요한 임무이고, 그러한 정부가 좋은 정부라 했다. 뿐만 아니라 이른바 친노정책은 노동자 집단이 대다수 국민을 희생하여 자신들의 상태를 개선하는 데에 전념하는 상황을 초래해, 결국 전반적인 생산성이 하락함에 따라 국민 모두가 피해를 입을 것이라고 경고했다. 모두 우리가 명심해야 할 대목들이다.

지금 우리의 경제가 쇠퇴하고 성장 잠재력이 하락하며 경제위기로 치닫고 있는 이유는 정부의 과다한 개입과 간섭으로 기업환경이 극도로 악화되었기 때문이다. 그러나 그 이면에는 근본적으로 국민 대다수가 자본주의 시장경제에 대한 믿음의 부족이 자리하고 있다. 많은 사람들이 정부의 간섭과 개입을 선호하고, 극단적으로는 사회주의 성향을 갖고 있기 때문이다. 여기에는 정치인들, 지식인들, 언론의 영향이 크다.

1948년 대한민국이 건국될 당시 1인당 국민소득이 100달러도 되지 않은 세계 최빈국에서 1인당 국민소득이 3만 달러, 총 국민소득으로 세계 10위권의 경제규모로 성장하는 '경제기적'을 이뤄낼 수 있었던 것은 자본주의 시장경제 체제 덕분이다. 그럼에도 불구하고 학교에서, 교회에서, 언론에서, 그리고 정치인들이 끊임없이 자본주의 시장경제를 개혁의 대상으로 삼고, 가난의 책임을 가진 자와 대기업의 착취 때문이고, 사회의 거의 모든 문제를 자본주의 시장경제 때문이라고 가르치고, 설교하고, 선동해 왔다.

경제를 회복하고 경제위기를 겪지 않으며, 전체주의적인 사회주의 국가로 가지 않기 위해서는 이러한 반시장, 반기업, 반자본주의 정서에서 벗어나야 한다. 그리고 우리를 빈곤에서 벗어나게 하고 오늘날 우리에게 부를 가져다주고, 생활수준을 크게 향상 시켜준 자본주의 시장경제에 대한 확고한 믿음을 우리 모두 가져야 한다.

그러한 믿음 하에 지금 제도화된 반시장적, 반기업적 규제들을 걷어 내야 한다. 근로소득세 및 법인세를 인하하고, 과도한 노동자 보호 제도를 개선해야 한다. 뿐만 아니라 작은 정부를 통해 사람들이 자유롭게 경제활동을 할 수 있는 환경을 만들어 주어야 한다.

그렇게 되면 지금의 위기 상황에서 벗어날 수 있고, 우리 경제에 다시 희망이 살아날 것이다. 역동적이고 창조적인 경제활동으로 한국경제가 크게 성장해 국민들의 삶의 질도 크게 개선 될 것이다. 자본주의 시장경제를 실천한 국가는 잘살고 번영을 누렸지만 그와 반대의 길을 갔던 국가는 모두 고난의 길을 걸었던 인류 동서고금의 역사를 결코 잊어서는 안 된다.

2019년 8월
안재욱

차 례

초판 서문 / 5
역자 서문 / 8

1 자유를 위한 계획: 사회주의로 가는 길 17

사회주의의 다른 말, 계획 … 17
오래되고 낡은 아이디어 … 18
피할 수 없는 시장의 법칙 … 19
사회주의를 실현하는 2가지 방법 … 19
사람들의 임금을 올릴 수 있는 유일한 방법 … 21
간섭주의가 불황의 원인이다 … 22
마르크스도 비난한 간섭주의 … 24
대량실업을 초래하는 최저임금제 … 24
노동조합 제도가 노동자를 위할까? … 26
손실과 이윤의 사회적 기능 … 28
가난한 사람들을 위하는 자유시장경제 … 30

2 중도주의의 끝 33

자본주의를 완전히 없애는 방법 … 34
사회주의? 자본주의? … 34
간섭주의는 어떻게 작동하나 … 35
가격통제의 종착점 … 36
자본주의 탈을 쓴 사회주의 … 38
훨씬 더 나쁜 결과들 … 38
위기와 실업이 자본주의 때문이라고? … 40
사회주의로 향하는 두 가지 길 … 41
사회주의 수단 ① 외환통제 … 43
사회주의 수단 ② 누진과세 … 44

사회주의로 향해 가는 흐름이 문제 … 44
　　　민간기업의 자유로운 운영 범위가 점점 줄고 있다 … 45
　　　사회주의의 도래는 피할 수 없는 것이 아니다 … 45

3 불간섭주의인가, 독재인가　　　　　　　　　　47

　　　거침없는 비난의 말들 … 47
　　　자유주의라는 이름을 훔치다 … 48
　　　케언스Caines의 모호한 주장 … 51
　　　의식적 계획 vs. 자동적인 힘 … 54
　　　누가 '진정한' 욕구를 결정하는가? … 55
　　　긍정적인 정책 vs. 부정적인 정책 … 56
　　　결론 … 58

4 돌을 빵으로 만든다는 케인스학파　　　　　　59

5 케인스와 세이의 법칙　　　　　　　　　　　　71

6 인플레이션과 가격통제　　　　　　　　　　　79

　　　가격 통제는 무익하다 … 79
　　　실패할 수밖에 없는 가격통제 … 82
　　　이름도 없는 악과 싸우는 것은 불가능하다 … 84
　　　진짜 위험은 미신에 있다 … 86

7 연금문제의 경제적 측면　　　　　　　　　　89

　　　누가 부담할까? … 89
　　　인플레이션 정책이 연금을 수포로 만든다 … 92
　　　궤변에 현혹되지 말라 … 94

8 진보주의 철학에 대해 말하다 … 99

마르크스 사상의 두 갈림길 … 99
진보주의의 지침서:「공산당선언」… 103
파괴주의에 대한 앤더슨의 투쟁 … 105
앤더슨이 남긴 보물 … 108

9 이윤과 손실 … 111

A. 이윤과 손실의 경제적 특성 … 111
B. 이윤에 대한 비난 … 129

10 임금, 실업, 인플레이션 … 147

임금은 결국 소비자가 지불한다 … 147
선진국의 임금이 높은 이유 … 148
지속적인 실업의 원인 … 149
신용팽창은 자본의 대체재가 아니다 … 150
인플레이션은 끝없이 지속될 수 없다 … 151
잘못된 관행의 반복 … 152
소득주도성장 주장이 불러오는 재앙 … 152
통화팽창이 인플레이션의 원인 … 153
끝은 어디일까? … 153
노동조합이 불러온 대혼란 … 155
건전한 통화정책의 중요성 … 155

11 경제학의 현주소 … 157

사회주의에 찬사를 보내는 지식인들 … 158
관변학자들의 태도 … 162
옛날이 더 좋았다고요? … 164
갈 길을 잃은 경제학 … 166

12	추세는 변할 수 있다	**169**

13	자유주의의 미래	**175**

부록   **179**

    1. 미제스에게 보내는 찬사 … 179
    2. 미제스의 사설 세미나 … 185
    3. 미제스가 나의 생각을 어떻게 바꾸었는가 … 188

해제: 책을 이해하기 위한 기본적인 미제스 이론   **191**

NOTES / 195

찾아보기 / 197

저자 및 역자 소개 / 199

1

자유를 위한 계획: 사회주의로 가는 길[1)]

사회주의의 다른 말, 계획

'계획planning'이란 용어는 대부분 사회주의, 공산주의, 그리고 권위주의적이고 전체주의적인 경제운용의 유사어로 사용된다. 가끔 독일식 사회주의 통제경제Zwangswirtscharft만을 계획이라고 하고, 사회주의라는 용어는 공장, 상점, 농장에 대한 러시아식의 철저한 사회화와 관료제적 운영에 대해서 사용된다. 여하튼 이런 식의 계획은 정부가 전반적인 계획을 세우고 경찰력으로 계획을 집행하는 것을 의미한다. 즉, 경제에 대한 완전한 정부통제를 의미한다. 이것은 자유기업, 개인주도, 생산수단의 사적 소유, 시장경제, 가격제도와는 정반대되는 개념이다. 계획과 자본주의는 전혀 양립할 수 없다. 계획제도하에서의 생산은 소비자의 욕구를 최대한 충족시킴으로써 이윤을 얻으려는 자본가와 기업가의 계획에 따라 이루어지는 것이 아니라 정부의 지시에 따라 이루어진다.

그러나 계획이라는 용어가 제2의 의미로도 쓰인다. 케인스 경Lord Keynes, 윌리엄 베버리지 경Sir William Beveridge, 한센Hansen 교수와 그 외의 저명한 사람들이 자유를 전체주의적 노예상태로 대체하는 것은 원치 않는다고 주장한다. 다만 그들은 자유사회를 위해 계획을 한다고 선언한다. 그들은 제3의 제도를 제안한다. 그들이 말한 것처럼 그것은 자본주의와 마찬가지로 사회주의와 거리가 있는 시스템이다. 다시 말하면 사회경제 조직의 제3의 해결책으로 서로 다른 두 제도의 중간에 위치해 두 제도의 장점을 유지하면서 각각에 내재되어 있는 단점들은 피하고자 하는 시스템이다.

오래되고 낡은 아이디어

이러한 자칭 진보주의자들은 마치 자신들의 제안이 새롭고 독창적인 것처럼 행세하는데, 그것은 명백히 잘못이다. 이 제3의 해결책의 아이디어는 아주 오래된 것이다. 프랑스인들은 오래전부터 그것에 적절한 이름을 붙여 왔다. 그들은 그것을 간섭주의interventionism라 불렀다. 역사적으로 사회보장이란 개념이 미국의 뉴딜정책과 윌리엄 베버리지 경보다는 우리의 선조들이 자유주의자라고 부르지 않았던 비스마르크Bismarck와 더욱 밀접하게 연계되어 있다는 것을 의심할 사람은 거의 없을 것이다. 오늘날의 간섭주의자인 진보주의의 모든 핵심 사상은 독일제국의 최고 두뇌집단인 슈몰러Schmoller와 바그너Wagner 교수들이 연연하게 정립한 것이다. 그뿐만 아니라 그들은 독일황제에게 미국을 침략하여 정복하라고 종용하였던 사람들이다. 나는 결코 어떤 개념이든 그것이 새로운 것이 아니라는 이유만으로 비난하지는 않는다. 그러나 진보주의자들이 자신들을 반대하는 모든 사람들을 구식, 인습적, 반동주의라고 비방하는 만큼, 두 개의 전통, 즉 비스마르크 전통과 제퍼슨 전통의 충돌에 대해 말하는 것이 더 적합할 것이고, 이에 대해 말하는 것이 하나의 방편일 것이다.

피할 수 없는 시장의 법칙

혼합경제의 간섭주의 제도를 검토하기 이전에 두 가지 점을 명확히 해야 할 필요가 있다.

첫째, 만약 생산수단의 개인소유를 기초로 하는 사회에서 이 생산 수단 중 일부를 정부나 자치단체가 소유하여 운영한다고 하더라도, 사회주의와 개인소유 제도가 복합된 혼합경제 체제가 되는 것은 아니다. 일부 특정 기업만이 정부에 의해 통제되어 있는 한, 경제활동을 결정하는 시장경제의 특성은 근본적으로 변하지 않는다. 정부가 통제하는 기업들 역시 원자재, 중간재, 그리고 노동력의 구매자로서, 그리고 생산물과 서비스 판매자로서 시장경제의 메커니즘에 따라야 한다. 시장의 법칙에 의존해야 하는 것이다. 그들은 이윤을 얻기 위해서, 적어도 손실을 보지 않기 위해서 노력해야만 한다. 만약 재정자금의 보조로 그러한 기업들의 손실을 매워주어서 시장에 대한 의존성을 약화시키거나 제거한다면, 그 의존성을 다른 곳으로 이동하는 결과를 초래할 뿐이다. 보조금 지급 수단이 어디에선가 마련되어야 하기 때문이다. 보조금은 세금을 거두어 마련될 수 있다. 그러나 그러한 세금 부담은 세금을 걷는 정부가 아니라 국민들이 진다. 세금이 누구에게 떨어지고 그것이 생산과 소비에 어떤 영향을 미치는지를 결정하는 것은 시장이다. 국세청이 아니다. 시장과 피할 수 없는 시장의 법칙이 우위에 있다.

사회주의를 실현하는 2가지 방법

둘째, 사회주의의 실현을 위한 형태에는 상이한 두 가지가 있다. 하나는 마르크스주의, 또는 러시아 형태라고 불리는 것으로서 철저한 관료체제이나. 육군, 해군, 또는 우편제도처럼 모든 기업들은 정부의 부서가 된다. 모든 개별공장, 상점, 농장들이 우체국과 체신부의 관계처럼 최고 중앙조직에 연계된 관계 하에 있다. 국가 전체가 단 하나의 의무복역 노동군대를 형성하고 이 군대의 지휘자는 국가의 총수이다.

두 번째 형태는 독일, 또는 통제경제 체제라고 부를 수 있는 것으로서, 외관상, 혹은 명목상 생산수단의 개인소유, 기업가 정신, 시장교환을 유지하고 있다는 점이 첫 번째 것과 다르다. 소위 기업가라고 불리는 사람들은 사고팔고, 노동자에게 임금을 지불하고, 채무계약을 맺으며 이자를 갚고 분할상환을 하는 일들을 한다. 그러나 그들은 진정한 기업가들은 아니다. 나치독일에서 그들은 상점관리인, 즉 베트리브스파이히러Betriebsfuhrer라고 불렸다. 정부는 이러한 외관상의 기업가들에게 무엇을 어떻게 생산하고, 어떤 가격에서 누구에게 사며, 어떤 가격으로 누구에게 팔 것인지를 지시한다. 정부는 노동자들에게 얼마의 임금으로 일하고, 자본가들에게 누구에게 어떤 조건으로 자금을 빌려주라고 명령한다. 시장교환은 허울일 뿐이다. 모든 가격, 임금, 이자율이 당국에 의해 정해지기 때문에 그것들은 모두 이름뿐인 가격, 임금, 이자율이다. 사실상 그런 것은 시민 개인의 소득, 소비, 그리고 생활수준을 결정하는 권위적인 명령의 숫자에 불과하다. 소비자가 아닌 정부가 생산을 지시한다. 중앙생산관리위원회가 우위에 있는 것이다. 모든 시민들은 공무원에 불과하다. 이것은 외견상 자본주의 모습을 하고 있는 사회주의이다. 자본주의적 시장경제의 꼬리표는 달고 있지만, 시장경제에서 의미하는 것과는 완전히 다른 것을 의미한다.

사회주의와 간섭주의간의 혼돈을 막기 위하여 이 점을 짚고 넘어갈 필요가 있다. 간섭받는 시장경제, 혹은 간섭주의 체제는 여전히 시장경제라는 바로 그 사실 때문에 사회주의와는 다르다. 정부는 강제력을 통하여 간섭함으로써 시장에 영향을 미치려고 하지만, 시장을 완전히 제거하려고 하지는 않는다. 정부는 생산과 소비가 간섭받지 않는 시장이 지시하는 것과는 다른 방향으로 이루어지기를 바라고, 경찰력과 강압 및 강요의 기구를 통한 강제 대신에 명령과 금지를 시장질서에 주입시킴으로써 그 목적을 달성하고자 한다. 그러나 이런 것들은 감춰진 간섭이다. 그것들의 저자들은 이 조치들을 모든 가격, 임금, 그리고 이자율을 규제하고, 따라서 생산과 소비를 당국의 손에 전적으로 맡기는 완전히 통합된 시스템으로 결합할 계획은 없다고 주장한다.

사람들의 임금을 올릴 수 있는 유일한 방법

오늘날 일반적으로 전통파orthodox, 반동주의자reactionaries, 혹은 경제적 완고주의자economic royalists라고 매도당하는 진정한 자유주의의 경제학자들의 기본 원리는 이것이다. 인구에 비해 자본의 증가를 가속화시키는 것 외에 일반적인 생활수준을 높일 수 있는 방법이 없다는 것, 바로 그것이다. 좋은 정부가 국민들의 물질적 행복을 개선하기 위해 할 수 있는 일은 새로운 자본의 점진적 축적과 생산기술 방법의 개선을 위한 활용에 아무런 장애가 없는 제도적 장치를 마련하고 보존하는 것뿐이다. 한 국가의 복지를 늘리기 위한 유일한 수단은 제품의 생산량을 늘리고 향상시키는 것이다. 임금을 벌기를 열망하는 모든 사람들의 임금을 영구적으로 올릴 수 있는 유일한 방법은 1인당 자본투자량을 늘리고 생산방법을 개선함으로써 노동의 생산성을 높이는 것이다. 그리하여 자유주의자들은 국가의 모든 계층의 이익에 가장 적합한 경제정책은 국내경제와 국제거래에서의 자유로운 교환이라고 결론짓는다.

반면에 간섭주의자들은 정부가 부분적으로 자본가들과 기업가들을 희생시켜, 부분적으로는 어느 누구도 희생시키지 않고 일반대중의 생활수준을 향상시킬 수 있는 능력을 가지고 있다고 믿는다. 그들은 몰수적 조세제도를 통해 이윤을 제한하고 소득과 부를 평등하게 하며, 금융완화정책과 신용팽창으로 이자율을 인하하고, 최저 임금제도를 강화하여 노동자들의 생활수준을 향상시킬 것을 제안한다. 그들은 방만한 정부 지출을 옹호한다.

희한하게도 그들은 소비재의 낮은 가격과 농산물의 높은 가격을 동시에 찬성한다.

  자유주의 경제학자, 즉 전통파로 폄하된 사람들은 이러한 조치들 중 일부는 단기적으로 일부 국민들의 복리를 증진시킬 수 있다는 점을 부인하지 않는다. 그러나 그것들은 장기적으로는 반드시 정부와 정책지지자의 관점에서 바꾸고자 했던 이전의 상황보다 더 바람직스럽지 못한 결과를 초래한다고 말한다. 그러므로 이런 조치들은 그것들의 주창자들의 관점에서 보면 자신들이 추구하고자 하는 목적과는 정반대되는 것이다.

간섭주의가 불황의 원인이다

  많은 사람들이 경제정책은 결코 장기적인 결과에 연연하면 안 된다고 믿고 있다. 그들은 "결국 장기에 우리는 모두 죽는다."는 케인스 경의 말을 인용한다. 나는 이 말의 진실에 의문을 제기하지 않는다. 나는 심지어 그것을 신영국케임브리지학파neo-British Cambridge school의 유일한 올바른 선언이라고 생각한다. 그러나 이 진부한 표현에서 도출된 결론은 완전히 잘못된 것이다. 우리 시대의 경제적 재해에 대한 정확한 진단은 우리가 단기에 비해 더 오래 살아서 그들이 생각하지 못했던 정책의 장기적 결과 때문에 고통을 받는다는 점이다. 간섭주의자들은 그러한 경제학자들의 경고를 묵살해버렸다. 그러나 사태는 전통파라고 매도당했던 학자들의 예상대로 진행되었다. 불황은 신용팽창의 여파다. 매년 계속되는 대량 실업은 방해받지 않는 시장이 정하는 수준 이상으로 높은 임금을 유지하려는 시도가 초래한 피할 수 없는 결과다. 진보주의자들이 자본주의 실패의 증거라고 해석하는 이 모든 악폐들은 시장에 대한 사회적 간섭의 필연적 산물이다. 이런 조치를 지지한 많은 학자들과 이를 실행한 정치가 및 의회의원들은 선의에 이끌려 사람들을 더 잘살게 하고 싶었던 것은 사실이다. 그러나 그 목적을 달성하기 위해 선택한 수단은 부적절했다. 아무리 좋은 의도라 할지라도 적절하지 않은 수단을 적절하게 만들 수는 없는 것이다.

우리의 논의에서 강조되어야 할 것은 목적이 아니라 수단과 방법이라는 점이다. 문제는 자칭 진보주의자라는 사람들이 주장하는 정책이 어떤 자의적인 선입견에서 권장되거나, 비판되어야하는지의 여부가 아니다. 문제의 핵심은 그런 정책이 과연 목표한 목적을 달성할 수 있는가이다.

우발적이고 무관한 문제를 언급함으로써 논의를 혼란스럽게 하는 것은 의미가 없다. 자본가와 기업가를 비방하고 서민들을 미화함으로써 주요 문제로부터 관심을 벗어나게 하는 것은 무익한 일이다. 분명 서민은 모든 고려의 대상이다. 그러므로 그들의 후생에 해가 되는 정책을 피하는 것이 필요하다.

시장경제는 상호간에 영향을 미치고 서로 영향을 받는 요인들이 밀접하게 얽혀있는 통합시스템이다. 강제와 의무의 사회적 기구, 즉 국가는 분명히 시장을 간섭할 힘을 갖고 있다. 법적 특권이나 특혜를 통해 처벌받지 않는 폭력적인 압력을 가할 수 있는 권한을 부여받은 정부나 기관은 특정 시장현상을 불법이라고 선언할 수 있는 위치에 있다. 그러나 그러한 조치들은 간섭하는 권력이 달성하고자 하는 결과를 가져오지 않는다. 그것들은 간섭하는 당국에게 더욱더 만족스럽지 못한 상황을 제공할 뿐만 아니라, 시장 시스템을 철저히 붕괴시키고 그 작동을 마비시키며 혼란을 초래한다.

사람들은 시장시스템의 작동을 불만족스럽게 생각하는 경우 그것을 다른 시스템으로 대체하려고 한다. 사회주의자들이 목표로 하는 것이 그것이다. 그러나 사회주의가 이 강연에서 말하려는 주제가 아니다. 나는 간섭주의, 즉 시장시스템을 전면 폐지하는 것이 아니고 시장시스템의 운영을 개선하기 위해 고안된 여러 가지 조치들을 말하려고 한다. 그리고 내가 주장하는 바는 그런 조치들은 반드시 그 지지자들의 관점에서 그들이 바꾸기를 원했던 이전의 상황보다 더 바람직하지 않은 결과를 초래할 것이라는 점이다.

마르크스도 비난한 간섭주의

칼 마르크스는 시장에 대한 정부나 노조의 간섭이 기대한 좋은 목적을 달성할 수 있다고 믿지 않았다. 마르크스와 그의 충실한 추종자들은 그들의 솔직한 표현을 빌리자면 그런 모든 조치들은 개혁주의자의 허튼소리, 자본주의자의 사기행각, 쁘띠부르주아(소자본가)의 어리석음이라고 비난했다. 그들은 그런 조치들을 지지하는 사람들을 반동주의자라고 불렀다. "어떤 이는 누군가의 생각으로는 항상 반동주의자다"라는 클레망소의 말은 맞다.

칼 마르크스는 자본주의하에서 모든 물질적 재화와 마찬가지로 노동은 상품이라고 했으며, 사회주의가 이 물질적 재화와 노동의 상품적 성격을 사라지게 한다고 주장했다. 그 '상품적 성격'이란 개념은 마르크스 학설만의 독특한 점이다. 그 이전에는 쓰이지 않았다. 그 의미는 재화와 노동이 시장에서 협상되고 그것의 가치에 따라 사고 팔린다는 뜻이다. 마르크스에 따르면 노동의 상품적 성격은 임금제도의 존재 그 자체에 내포되어 있다. 그 특성은 단지 공산주의의 '상위단계higher state'에서만 사라질 수 있는데, 그 결과로서 임금제도와 임금지급이 사라지게 된다. 마르크스는 국제 협약과 국제노동사무소International Labor Office의 설립을 통해, 국내입법을 통해, 그리고 여러 국가 부처에 자금을 배분함으로써 노동의 상품적 성격을 없애려는 노력을 비웃었을 것이다. 내가 이런 것들을 거론하는 이유는 단지 진보주의자들이 반동주의자라고 부르는 경제학자들과 논쟁할 때 마르크스와 노동의 상품적 특성의 교리를 언급하는 데에 있어서 완전히 오류를 범하고 있다는 것을 보여주기 위해서다.

대량실업을 초래하는 최저임금제

오랜 전통파 경제학자들은 이렇게 말한다. 임금을 벌고자 갈망하는 모든 사람들의 임금을 영구적으로 올리는 일은 오직 투자된 1인당 자본량과 그에 따른 노동생산성이 증가해야만 가능하다. 만약 간섭받지 않는 시장이 정한 수준 이상으로 최저임금이 정해진다면 사람들에게 이익이 되지 못한다. 임금에 대한 이런 간섭이 정부의 법령에 의해서건, 노조의 압력과 강제에 의해서건 아무 상관없다. 어느 경우에나 그 결과는 대다수 국민의 후생에 해로운 결과를 낳는다.

간섭받지 않는 노동시장에서 임금은 수요와 공급의 상호 작용에 따라 일하기를 원하는 모든 사람들이 최종적으로 일자리를 찾을 수 있는 수준에서 정해진다. 자유노동시장에서 실업은 일시적인 현상일 뿐이고 극히 소수의 시민을 제외하고는 영향을 받지 않는다. 거기에서는 실업이 계속 사라지는 경향이 있다. 그러나 만약 임금이 정부나 노조의 간섭으로 이 수준 이상으로 인상된다면 상황은 달라진다. 노동의 일부분만이 조합화된다면 노조에 의해 강요된 임금 인상은 실업은 유발하지 않고, 잘 조직된 노조가 없거나 아예 노조가 전혀 없는 사업 분야에서 노동의 공급이 증가하게 된다. 노조 정책의 결과로 일자리를 잃게 된 노동자들은 노조가 없는 부문으로 가게 되고 그 부문에서 임금 하락이 초래된다. 노조의 노동자들의 임금인상은 비노조 노동자들의 임금하락을 초래한다. 그러나 전체적으로 임금이 잠재적인 시장수준 이상으로 정해진다면 일자리를 잃은 노동자들은 다른 부문에서 고용되는 것이 불가능해 진다. 그들은 실업상태가 된다. 오랜 기간 지속되는 대량실업 현상이 발생한다.

이상이 전통 경제학자들의 가르침이었다. 아무도 그들을 논박하는 데 성공하지 못했다. 매도하는 것이 훨씬 쉬웠다. 수많은 보고서, 연구논문, 논평들이 그들을 비꼬고 욕했다. 소설가, 극작가, 정치인들도 거기에 합세했다. 그러나 사필귀정이다. 비록 정당의 정책과 교과서들이 진실로 인정하지 않아도 그것은 맞았으며 유효했다. 사건은 전통 경제학자들의 예측이 옳았음을 증명했다. 세계는 대량 실업이라는 엄청난 문제에 직면해 있다.

분명한 임금 수준에 대한 정확한 언급 없이 고용과 실업을 논하는 것은 무의미하다. 실질 임금을 꾸준히 증가시키는 것이 자본주의 진화의 본질적인 경향이다. 이것은 자본이 점진적으로 축적되어 생산의 기술적 방법이 개선된 결과이다. 새로운 자본의 축적이 중단될 때마다 이런 경향은 정체된다. 만약 자본 소비가 가용 자본의 증가를 대체한다면, 자본의 증가를 가로막고 있는 장애물이 제거될 때까지 반드시 실질 임금은 일시적으로 떨어진다. 신용팽창의 전형적 양상인 자본의 낭비와 그것이 만들어낸 가공적 호황의 흥청망청 같은 잘못된 투자, 이윤 및 재산의 몰수, 전쟁과 혁명들이 그런 장애물이다. 그런 것들이 일시적으로 대중의 생활수준을 낮춘다는 것은 슬픈 사실이다. 그러나 이런 슬픈 사실은 바란다고 해서 털어버릴 수 있는 것이 아니다. 전통 경제학자들이 제시하는 방법, 즉 건전한 통화정책, 공공지출의 축소, 항구적 평화를 수호하기 위한 국제적 협력, 경제적 자유 외에 그것들을 제거할 수 있는 다른 방법은 없다.

노동조합 제도가 노동자를 위할까?

비전통적 교조주의자들이 제안하는 해결책은 무용지물이다. 그것을 적용하면 사태가 개선되는 것이 아니라 오히려 악화된다.

노조 간부들에게 그들의 힘을 적당히 사용하라고 권고하는 선의를 가진 사람들이 있다. 그러나 그러한 권고는 헛수고다. 그러한 권고를 하는 사람들은 회피하고 싶은 악폐가 노조의 임금정책이 온건하지 않아서 발생하는 것이 아니라는 점을 알지 못하기 때문이다. 그것은 임금에 관한 노조활동의 기저를 이루는 모든 경제철학의 필연적인 결과다. 노조가 다른 분야에서, 예를 들어 교육이나 전문적 훈련 등에서 유발할 수 있는 좋은 효과가 무엇인지를 조사하는 것은 내가 하려는 일이 아니다. 나는 그들의 임금정책만 말하고자 한다. 이런 정책의 본질은 실업자들이 노조의 임금보다 낮은 임금을 제시하며 일자리를 찾는 것을 막고 있다는 점이다. 이 정책은 전체 잠재노동력을 두 계층, 즉 간섭받지 않는 노동시장에서 받을 수 있는 것보다 더 높은 임금을 받는 종업원들과 아예 아무것도 못 버는 실업자들로 나눠놓는다. 1930년대 초반에 미국의 화폐임금은 생활비 이하로 떨어졌다. 파국적인 실업이 확산되는 와중에 시간당 실질임금은 올랐다. 고용된 사람들 중 많은 사람들에게는 공황이 생활수준의 향상을 의미했지만, 실직자들은 희생당했다. 그런 상황이 반복되지 않게 하는 방법은 노조의 강요나 강제가 일해서 임금을 벌고 싶어 하는 사람들을 이롭게 할 수 있다는 생각을 완전히 버리는 길뿐이다. 필요한 것은 어설픈 경고가 아니다. 전통적인 노조 정책은 노동자들 모두의 이익을 위하는 것이 아니고 단지 한 집단만을 위하는 것임을 노동자들에게 납득시켜야 한다. 실업자는 개별 교섭에서는 사실상 목소리를 내지만, 단체교섭에서는 배제된다. 노조 간부들은 비조합원들의 운명에 대해서는 아랑곳하지 않는다. 특히 그들의 산업에 진입하려는 신규 노동자들에게는 더욱 그렇다.

 노조의 임금은 가용 인력의 상당부분을 실업 상태로 만드는 수준에서 정해진다. 대량 실업은 자본주의 실패의 증거가 아니라 전통적인 노조 방식이 실패한 증거다.

 정부기관이나 중재에 의한 임금의 결정에도 똑같은 설명이 적용된다. 만약 정부나 중재자가 결정하여 임금을 시장수준에서 정한다면 그것은 불필요한 것이 된다. 시장수준보다 높게 임금을 결정한다면 그것은 대량 실업을 낳는다.

 유행처럼 제안되고 있는 만병통치약, 즉 아낌없는 공공지출 역시 헛되기는 마찬가지다. 만약 정부가 국민에게 조세를 부과하거나 국민에게 빌려서 필요한 재원을 제공한다면, 그것은 한편으로는 일자리를 만드는 수만큼 다른 한편으로 일자리를 없애버리는 결과를 낳는다. 만약 시중은행으로부터 차입해 정부지출을 조달한다면, 그것은 신용팽창과 인플레이션을 의미한다. 그러면 정부가 이 결과를 막기 위해 아무리 애써도 모든 상품과 서비스의 가격은 오를 수밖에 없다.

　인플레이션 과정에서 상품 가격의 상승이 명목 임금의 상승을 초과한다면 실업은 줄어들 것이다. 그러나 실업을 감소시킨 것은 정확하게는 실질임금이 하락한 사실 때문이다. 케인스 경이 신용 확대를 권장했던 것은 임금노동자들이 '물가 상승의 결과로서 실질임금이 점진적이고 자동적으로 하락하는' 것을 묵과할 것이라고 믿었기 때문이다. 그는 실질임금의 하락이 화폐임금을 인하하는 시도만큼 노동자들에 의해 강하게 저항 받지 않을 것으로 믿었다. 그러나 그렇게 될 가능성은 매우 희박하다. 여론은 구매력의 변화를 정확히 감지하며 상품가격 지수와 생계비 변화를 뜨거운 관심으로 지켜본다. 임금에 관한 모든 논의의 실체는 실질임금이지 명목임금이 아니다. 그런 수법으로 노조를 속일 수는 없다.

　그러나 케인스 경의 가정이 옳다 하더라도 그러한 속임수로 얻을 수 있는 이득은 없다. 커다란 사상의 갈등은 바르고 솔직한 방법으로 해결해야 한다. 술책이나 임시방편으로 풀 수 없다. 필요한 것은 노동자들을 속이는 것이 아니라 그들을 이해시키는 것이다. 그들 자신도 전통적인 노조의 방식들이 자신들의 이익을 위하는 것이 아님을 알아야만 한다. 그들 스스로도 자신들과 다른 모든 사람들에게 해를 끼치는 정책을 자발적으로 버려야만 한다.

손실과 이윤의 사회적 기능

　소위 자유를 위해 계획을 세운다는 사람들은 가격들이 존재하는 시장이 자유기업제도를 움직이는 장치라는 것을 이해하지 못하고 있다. 상품가격, 임금 및 이자율의 신축성은 소비자들의 변화하는 조건과 요구에 맞춰 생산하고, 낙후된 생산기술 방법을 폐기하는 데 중요한 역할을 한다. 만약 이러한 조정들이 시장에서 작용하는 힘의 상호 작용에 의해 이루어지지 않는다면 정부의 명령으로 강제되어야 한다. 이것은 나치의 통제경제와 같은 완전한 정부통제를 의미한다. 그 중간은 없다. 상품가격을 경직적으로 유지하고, 임의로 임금을 인상하며 이자율을 인하하는 것은 체제를 마비시킬 뿐이다. 이런 것들은 어느 누구도 만족시키지 못하는 상태를 만든다. 그것들을 버리고 시장의 자유로 복귀하든가, 아니면 완전하게 통제되어 온전하고 숨김없는 사회주의로 가야 한다.

소득과 부의 불평등은 자본주의의 핵심이다. 진보주의자들은 이윤은 부당한 것이라고 생각한다. 그들의 눈에는 이윤의 존재 자체가 게으른 기생 인간들을 제외한 누구에게도 해를 입히지 않고 임금이 인상될 수 있다는 증거로 보인다. 그들은 이윤을 말하면서도 당연한 결과인 손실에 대해서는 생각하지 않는다. 손실과 이윤은 소비자들이 모든 기업 활동을 엄격히 제어하는 장치이다. 이윤을 보는 기업은 확장되는 경향이 있는 반면, 이윤을 보지 못하는 기업은 축소되는 경향이 있다. 이윤을 없애면 생산이 경직되고 소비자 주권이 사라진다. 이윤이 발생하는 것은 기업이 야비하고 탐욕적이거나, 계획자들이 다른 모든 사람들에게는 있다고 생각하는 금욕적인 자기희생이라는 미덕이 부족해서가 아니다. 이윤이 없다면 기업가들은 소비자들의 욕구가 무엇인지를 알지 못하고, 추측한다고 해도 그에 따라 공장을 조정하고 확장할 수단이 없게 된다. 이윤과 손실은 물질적인 생산요소를 비효율적인 사람으로부터 거두어 더 효율적인 사람에게 넘겨준다. 사람들이 서로 얻으려고 쟁탈전을 버리는 상품을 생산하는 데 성공하면 할수록 사업에서 더욱더 영향력을 발휘하도록 만드는 것이 이윤과 손실의 사회적 기능이다.

그러므로 개인적인 특성이나 행복의 척도를 이윤에 적용시키는 것은 요점을 벗어난 것이다. 물론 X씨는 아마도 1천만으로도 1억만큼 행복할지 모른다. 형이상학적인 관점에서 볼 때 확실히 왜 대법원장이나 국가 최고의 철학자들, 시인들은 훨씬 적게 버는데, X씨가 1년에 2백만을 벌어야 하는지 이해할 수 없다. 문제는 X씨에 관한 것이 아니라 소비자에 관한 것이다. 만약 가장 효율적인 기업가가 그의 활동영역을 확대하는 것을 법으로 막으면 소비자들이 더 좋고 더 싸게 공급받을 수 있을까? 그 답은 분명히 아니올시다. 이다. 만약 현재 세율이 금세기 초부터 적용되었다면 오늘날의 많은 백만장자들은 훨씬 소박한 환경에서 살고 있을 것이다. 그러나 전에는 듣지도 보지도 못한 물건들을 대중에게 공급하는 수많은 분야의 산업들이, 설령 있다 해도, 훨씬 작은 규모로 운영되고 있을 것이며, 일반인은 그런 제품들을 구경도 못했을 것이다.

시장 시스템은 모든 사람을 소비자에게 책임지는 생산자의 입장으로 만든다. 이러한 의존성은 기업가, 자본가, 전문인에게는 직접적이고, 봉급생활자나 임금생활자에게는 간접적이다. 만약 소비자가 바라는 것에 생산자의 노력을 조정하는 요인이 없다면, 모든 사람이 다른 사람에게 봉사하여 자신이 필요한 것을 제공하는 분업의 경제체제는 작동할 수 없다. 만약 시장이 전체 경제기구를 조정하도록 허용되지 않는다면 정부가 그것을 대신해야만 한다.

가난한 사람들을 위하는 자유시장경제

사회주의자들의 계획은 완전히 틀린 것이고 실현 불가능하다. 이것은 또 다른 주제다. 그러나 사회주의 저술가들은 적어도 시장 시스템을 마비시키면 혼돈만 초래된다는 것을 알 만큼 영민하다. 그들이 파업, 파괴와 같은 행동을 선호하는 것은 그로 인해 생겨날 혼돈이 사회주의로 향하는 길을 열어줄 것이라고 믿고 있기 때문이다. 그러나 자유를 보존하는 척하며 가격, 임금, 이자율을 시장의 수준과는 다른 수준으로 정하고 싶어 하는 사람들은 착각에 빠져 있다. 자유가 아니면 전체주의적 노예제도뿐이지 다른 대안은 없다. 시장 시스템이 작동하도록 하는 것 외에 자유와 일반 후생을 위한 계획은 어느 것도 없다. 완전고용, 실질임금 상승, 서민의 높은 생활 수준을 이룰 수 있는 수단은 민간주도와 자유기업 외에 다른 방법은 없다.

2
중도주의의 끝[2)]

　시장경제나 자본주의는 소수의 극렬한 개인주의자들의 독점적인 이익을 위해 대다수 사람들의 중대한 이익을 해치는 제도라는 것이 모든 형태의 사회주의와 공산주의의 기본 교리다. 자본주의는 대중을 점점 가난하게 만든다는 것이다. 자본주의는 게으르고 쓸모없는 기생충 같은 인간 부류들을 부유하게 만드는 반면, 노동자에게 고통과 노예생활, 억압, 몰락, 착취를 가져온다는 것이다.

　이 교리는 칼 마르크스가 만든 것이 아니다. 그것은 마르크스가 등장하기 오래전부터 있어온 생각이다. 그것의 가장 성공적인 전파자는 마르크스주의의 저술가들이 아니라, 칼라일Carlyle, 러스킨Ruskin, 영국 페이비언들British Fabians, 독일의 교수들, 그리고 미국의 제도주의자들American Institutionalists과 같은 사람들이다. 유일하게 이 교리가 문제가 있다고 이의를 제기했던 소수의 경제학자들은 곧바로 묵살되었고, 대학, 언론, 정당의 지도층, 그리고 무엇보다도 공직에 접근하지 못하게 되었던 것은 매우 중요한 사실이다. 전반적으로 여론은 자본주의에 대한 비난을 거리낌 없이 받아들였다.

자본주의를 완전히 없애는 방법

그러나 물론 사람들이 이 교리로부터 도출한 실제적인 정치적 결론이 똑같지는 않았다. 한 집단은 이러한 폐해를 일소하는 방법, 즉 자본주의를 완전히 없애는 방법은 하나뿐이라고 했다. 그들은 생산수단에 대한 사적 통제를 공적 통제로 바꾸어야 한다고 주장한다. 그들은 소위 사회주의, 공산주의, 계획주의, 국가자본주의의 수립을 목표로 한다. 이 모든 용어들은 같은 것을 의미한다. 더 이상 소비자들이 구매하고 구매하지 않는 행위로 무엇이 얼마만큼 어떤 품질로 생산되어야 하는지를 결정해서는 안 된다는 것이다. 중앙 당국 혼자 모든 생산 활동을 지시해야 한다는 것이다.

사회주의? 자본주의?

두 번째 집단은 덜 급진적인 것처럼 보인다. 그들은 자본주의만큼이나 사회주의를 거부한다. 그들은 제3의 제도를 제안한다. 그것은 그들의 표현대로 하면 사회주의도 자본주의도 아니고, 사회의 경제조직의 제3의 제도로서 서로 다른 두 제도의 중간에 위치하고, 두 제도의 장점은 유지하고 각각에 내재되어 있는 단점은 피하는 것이다. 이 제3의 제도가 간섭주의의 체제로서 알려져 있다. 미국의 정치 용어로는 흔히 중도주의라고 한다.

많은 사람에게 이 제3의 제도가 인기 있는 이유는 그들이 관련된 문제를 살펴보는 특별한 방법 때문이다. 그들은 두 계층, 즉 자본가 및 기업가와 봉급생활자가 자본 및 기업가 활동의 수익에 대한 분배를 놓고 다투고 있다고 본다. 쌍방이 서로 전부를 갖겠다고 주장한다는 것이다. 이에 이 중재자들은 다투고 있는 수익을 두 계층 간에 공평하게 나누어서 평화를 갖자고 제안한다. 국가는 공평한 중재자로서 개입해야 하고, 자본가의 탐욕을 억제시켜 이윤의 일부를 노동계급에게 배당해야 한다. 그리하면 전체주의적 사회주의의 단점을 겪지 않고 자본주의의 단점을 없애는 것이 가능할 것이라고 한다.

그러나 문제를 판단하는 이 방식은 완전히 잘못되어 있다. 자본주의와 사회주의의 대립은 이득의 분배에 대한 논쟁이 아니다. 그것은 사회의 경제조직을 위한 두 체제, 즉 자본주의와 사회주의 중 어느 것이 일반적으로 경제라고 하는 활동의 궁극적 목표로서 모든 사람들이 고려하는 목적들을 더 잘 달성하는지에 관한 논쟁이다. 다시 말해서 어느 것이 필요한 상품과 서비스를 가장 잘 공급할 수 있는지에 관한 논쟁이다. 자본주의는 이 목적을 대중이 시장에서 구매하고 구매하지 않는 것에 좌우되는 민간 기업과 민간 주도에 의해 달성하고자 한다. 사회주의자들은 수많은 개인의 계획을 중앙당국의 단일계획으로 바꾸고자 한다. 그들은 마르크스가 '생산의 무정부 상태 anarchy of production'라고 한 것을 정부의 배타적 독점으로 대체하고자 한다. 두 계층 간의 대립관계는 이익의 일정량을 분배하는 방식에 있는 것이 아니다. 그것은 사람들이 향유하고자 하는 모든 재화를 생산하는 방식에 있다.

두 원리의 충돌은 해소될 수 없으며 어떠한 타협도 허용하지 않는다. 통제가 나눠서 이루어질 수 없다. 시장에 드러나는 소비자의 수요가 생산요소들이 무슨 목적으로 어떻게 사용되어야 하는지를 결정하거나, 아니면 정부가 이 문제들을 통제하는 것이다. 이 두 모순된 원리 사이에서 대립을 완화시킬 수 있는 것은 아무것도 없다. 그것들은 서로를 배제한다.

간섭주의는 자본주의와 사회주의의 황금의 중용이 아니다. 그것은 사회의 경제조직의 제3의 제도로 디자인된 것이고 그렇게 평가되어야만 한다.

간섭주의는 어떻게 작동하나

자본수의나 사회수의의 장점에 대해 의문을 제기하는 것은 오늘 토론에서 하려고 하는 일이 아니다. 나는 오늘 간섭주의만을 다루려고 한다. 그리고 어떤 선입견을 가지고 간섭주의를 자의적으로 평가할 생각도 없다. 내가 오직 관심을 갖는 것은 간섭주의가 어떻게 작동하고, 그것이 사회 경제 조직의 항구적인 제도의 한 형태로서 고려될 수 있는지의 여부이다.

간섭주의자들은 생산수단의 개인소유, 기업가 정신, 시장교환을 유지할 계획이라고 강조한다. 그러나 이어서 이러한 자본주의 제도들이 혼란을 확산시키고 대다수의 사람들을 부당하게 착취하는 것은 단호히 막아야 한다고 덧붙인다. 자산가 계층의 탐욕이 가난한 계층에 해를 끼치지 않도록 명령과 금지를 통해 그들의 욕심을 억제하는 것이 정부의 의무이다. 간섭받지 않는, 또는 자유방임의 자본주의는 악이다. 그러나 이러한 악들을 제거하기 위해서 자본주의를 완전히 없앨 필요는 없다. 자본가와 기업가의 행동에 대한 정부의 간섭으로 자본주의 제도를 개선하는 것이 가능하다. 그러한 정부의 규제와 기업 통제가 전체주의적인 사회주의를 막고 보존할 가치가 있는 자본주의의 특성을 지키는 유일한 방법이다.

이러한 철학을 바탕으로 간섭주의자들은 기라성 같이 많은 다양한 조치들을 주창한다. 그 중 하나로 매우 널리 보급되어 있는 가격통제 조치를 보도록 보자.

가격통제의 종착점

정부는 특정 상품, 예를 들어 우유의 가격이 너무 높다고 생각한다. 정부는 가난한 사람들이 그들의 아이들에게 더 많은 우유를 주는 것을 가능하게 하고 싶어 한다. 그래서 정부는 가격상한제를 실시하여 우유 가격을 자유 시장에서 정해진 가격보다 낮게 고정시킨다. 이제 우유의 한계생산자들, 즉 가장 높은 비용을 들여 생산하는 사람들은 손해를 보는 결과가 초래된다. 손해를 보면서 계속 생산할 수 있는 농부나 사업가가 없기 때문에 이 한계생산자들은 생산을 중단하고 시장에 우유를 내다파는 것을 중단한다. 그들은 자신들의 소와 기량을 더 수익성이 있는 다른 부분에 사용할 것이다. 예를 들어 버터나 치즈, 고기를 생산할 것이다. 결국 소비자가 먹을 수 있는 우유는 줄어들 것이다. 이것은 물론 정부의 의도에 반하는 것이다. 정부는 일부 사람들이 더 많은 우유를 더 쉽게 구입할 수 있도록 하고 싶었다. 그러나 정부개입의 결과로 공급량이 감소한다. 그러한 조치는 정부나 정부가 도움을 주려고 했던 집단의 관점에서 볼 때 실패한 것이다. 그것은 개선하고자 했던 이전의 상태보다 훨씬 바람직스럽지 못한 사태를 초래했다.

이제 정부는 대안에 직면한다. 정부는 취했던 조치를 철폐하고 우유가격을 계속 통제하려는 노력을 그만 둘 수 있다. 그러나 만약 우유가격을 간섭받지 않은 시장에서 결정되는 가격 이하로 유지하려는 의도를 고집하고 우유공급의 감소를 회피하고 싶다면, 정부는 한계생산자들의 사업을 적자로 만드는 원인을 제거하기 위해 노력해야만 한다. 정부는 우유가격에만 국한했던 첫 번째 조치에다 우유생산에 필요한 생산요소들의 가격을, 우유의 한계생산자들이 더 이상 손실을 보지 않아서 생산을 중단하지 않을 수준으로 고정하는 두 번째 조치를 취해야만 한다. 하지만 그렇게 되면 똑같은 일이 다른 곳에서 반복해서 일어난다. 우유생산에 필요한 생산요소들의 공급이 감소하고, 또다시 정부는 원점으로 돌아간다. 만약 정부가 실패를 인정하지 않고 가격에 간섭하는 일을 중단하고 싶지 않다면, 정부는 더 나아가서 우유생산에 필요한 요소들의 생산에 필요한 생산요소의 가격을 고정시켜야만 한다. 그러므로 정부는 점점 더 나아가서 모든 소비재와 모든 생산요소(인적, 즉 노동력과 물적)의 가격들을 하나하나 고정시키고, 모든 기업가와 노동자에게 이 가격과 임금으로 계속 일하도록 명령해야만 한다. 어느 산업도 가격과 임금의 전면적인 통제에서, 그리고 정부가 생산되기를 원하는 양을 생산해야 하는 의무에서 벗어날 수 없다. 만약 어떤 부문이 비필수품이거나, 혹은 사치품의 성격을 띤 재화만을 생산한다는 이유로 이 조치에서 제외된다면 자본과 노동력은 그 부문으로 흘러갈 것이며, 그 결과 정부가 대중의 욕구를 충족시키는 데에 없어서는 안 된다고 생각해서 가격을 엄밀하게 고정시킨 바로 그 상품들의 공급은 줄어들 것이다.

그러나 이러한 전면적인 경제통제의 상태가 되면 더 이상 시장경제의 문제가 아니다. 국민은 더 이상 그들의 구매와 구매하지 않는 행위로 무엇이 생산되어야 하는지, 그리고 어떻게 생산되어야 하는지를 결정하지 못한다. 이 문제를 결정할 권한은 정부로 넘어가게 된다. 이것은 더 이상 자본주의가 아니다. 그것은 정부에 의한 전면적인 계획경제다. 즉 사회주의다.

자본주의 탈을 쓴 사회주의

물론 이런 형태의 사회주의는 외견상 자본주의의 모습과 명칭을 띠고 있는 것이 사실이다. 외견상, 그리고 명목상 생산수단의 사적 소유, 가격, 임금, 이자율, 이윤을 유지하고 있다. 그러나 실제로는 정부의 무제한 독재정치 외에는 아무것도 없다. 정부는 기업가와 자본가에게 무엇을 얼마에 얼마만큼 생산할지, 누구에게서 얼마에 살지, 또 누구에게 얼마에 팔지를 지시한다. 정부는 노동자들에게 얼마의 임금을 받고 어디서 일할지를 정해준다. 시장교환은 허울일 뿐이다. 모든 가격과 임금, 이자율은 당국에 의해 정해진다. 그런 것은 표면상 가격, 임금, 이자율일 뿐이지 실제로는 정부가 명령하는 숫자에 불과하다. 소비자가 아닌 정부가 생산을 지시한다. 정부는 국민 개개인의 소득을 결정하고, 모든 사람들에게 일할 장소를 지정한다. 이것은 자본주의의 탈을 쓴 사회주의이다. 히틀러의 독일제국에서의 통제경제와 영국의 계획경제가 그랬다.

훨씬 더 나쁜 결과들

사회 변혁의 계획에 대해 내가 서술했던 것은 단순히 이론적 해석이 아니다. 그것은 독일과 영국, 다른 몇몇 나라에 사회주의를 가져왔던 일련의 사건들을 사실적으로 묘사한 것이다.

제1차 세계대전 때 독일은 필수품으로 생각되는 몇몇 상품들에 대해 가격상한제를 실시했다. 이 조치는 실패할 수밖에 없었고, 그리하자 독일은 가격상한제를 더욱 확대해 나갔으며, 결국 제1차 세계대전의 후반부에는 힌덴부르크 계획Hindenburg plan을 세웠다. 힌덴부르크 계획에는 소비자가 자유롭게 선택하고 기업이 주도적으로 행동할 수 있는 여지가 전혀 없었다. 모든 경제활동은 무조건 당국의 독점적인 관할권 안에 들어갔다. 카이저Kaiser가 완전히 패배하자 제국주의적 행정기구 전체가 없어지고 그와 함께 그 거대한 계획 또한 사라졌다. 그러나 1931년 브뤼닝 수상Chancellor Bruning이 다시 가격통제 정책을 착수하고 그의 후계자들, 특히 히틀러가 그 정책을 막무가내로 고수했을 때와 똑같은 이야기가 반복되었다.

제1차 세계대전 때 가격통제 조치를 채택한 영국과 다른 모든 나라들도 똑같은 실패를 경험해야만 했다. 최초의 조치가 효력을 발휘하도록 하기 위한 가격통제 조치들이 더욱더 확대되어 갔다. 그러나 이것이 전개되는 초기 단계에서 전쟁의 승리와 대중의 반대로 인해 모든 가격통제 계획이 일소되었다.

제2차 세계대전 때는 달랐다. 당시 영국은 다시 몇 가지 필수 상품에 대해 가격상한제를 실시했고, 점점 확대하여 경제적 자유를 국가 전체 경제의 전반적인 계획으로 대체해버렸다. 전쟁이 끝날 무렵 영국은 사회주의 연방국가가 되었다.

영국의 사회주의는 애틀리Mr. Attlee가 이끄는 노동당 정부가 아니라 윈스턴 처칠Mr. Winston Churchill의 전쟁내각이 이루었다는 사실을 명심할 필요가 있다. 노동당이 한 일은 자유국가에 사회주의를 수립한 것이 아니라 전쟁 중에 만들어진 사회주의를 전후시대에 유지한 것이다. 이 사실은 잉글랜드 은행Bank of England, 석탄광산, 그리고 다른 산업들의 국유화라는 엄청난 대

사건에 가려져버렸다. 그러나 영국이 사회주의 국가라고 불린 이유는 국가가 몇몇 기업들을 공식적으로 국영화하고 몰수하였기 때문이 아니라, 모든 시민의 모든 경제활동이 정부와 정부기관의 완전한 통제를 받았기 때문이다. 당국은 각 산업 분야에 자본과 인력의 배분을 지시하였다. 그들은 무엇이 생산되어야 할지를 결정하였다. 모든 경제활동의 주권이 전적으로 정부에 귀속되었다. 국민은 무조건적으로 명령에 복종할 수밖에 없는 피보호자의 위치로 전락했다. 사업가들, 예전의 기업가들에게는 부수적인 기능만이 남겨졌다. 그들이 자유롭게 할 수 있는 일은 세밀하게 제한된 좁은 분야 안에서 정부부처의 결정을 시행하는 것뿐이었다.

우리가 알아야 하는 것은 몇 가지 상품에만 영향을 미치는 가격상한제는 추구하는 목적을 달성하지 못한다는 점이다. 오히려 그 반대다. 그것들은 정부의 관점에서 정부가 변경시키고 싶었던 이전의 상태보다 훨씬 더 나쁜 결과를 초래한다. 만약 필연적인, 달갑지 않은 결과를 피하기 위해서 정부가 그 과정을 더욱더 확대한다면, 그것은 결국 자본주의와 자유기업 체제를 힌덴부르크 형태의 사회주의로 바꿔 놓는다.

위기와 실업이 자본주의 때문이라고?

시장현상에 대해 간섭하는 다른 모든 유형도 마찬가지다. 정부에 의해 결정되고 시행되든, 노조의 압력과 폭력에 의해 시행되든 최저임금제가 임금을 간섭받지 않는 시장의 수준보다 높게 책정하는 순간 매년 장기간 지속되는 대량 실업의 결과를 초래한다. 신용 확대로 이자율을 낮추려는 시도가 일시적으로 경제호황을 만들어 내는 것은 사실이다. 그러나 그렇게 형성된 호황은 인위적인 온실의 산물일 뿐, 가차 없이 침체와 불황으로 이어진다. 국민은 신용 확대와 인플레이션의 몇 년간의 흥청망청한 방탕에 대해 엄청난 대가를 치러야만 한다.

불황과 대량 실업이 반복됨으로써 분별없는 사람들이 자본주의를 불신하게 되었다. 그렇지만 이런 사건들은 자유시장 작용의 결과가 아니다. 반대로 그것들은 정부가 시장에 대해 선의였지만 무분별하게 개입한 결과이다. 인구에 비해 자본증가를 가속하는 것 외에 임금수준과 전반적인 생활수준을 향상시킬 수 있는 방법은 없다. 일자리를 찾고 열심히 임금을 벌고자 하는 모든 사람들에게 영원히 임금을 올릴 수 있는 방법은 인구 당 자본투자를 늘려서 산업의 생산성을 높이는 것뿐이다. 미국의 임금이 유럽이나 아시아에 비해 훨씬 높은 이유는 미국 노동자들의 노력과 수고가 더 많고 더 좋은 기계의 도움을 받고 있기 때문이다. 국민의 물질적 복지를 개선하기 위해 좋은 정부가 할 수 있는 일은 기술적 생산방법의 개선에 필요한 새로운 자본의 점진적 축적을 방해하지 않는 제도적 질서를 확립하고 유지하는 일뿐이다. 이것은 과거에 자본주의가 성취한 것이며, 나쁜 정책으로 방해하지 않는다면 미래에도 성취할 것이다.

사회주의로 향하는 두 가지 길

간섭주의는 계속 유지될 것으로 생각할 수 있는 경제체제가 아니다. 그것은 일련의 과정을 거쳐 자본주의를 사회주의로 변모시키는 방법이다. 그래서 일거에 사회주의를 도입하려는 공산주의자들의 시도와는 다르다. 그 차이는 정치운동의 궁극적인 목적에 있는 것이 아니라 두 집단이 지향하는 목적을 달성하기 위해 쓰는 방식에 있다.

칼 마르크스Karl Marx와 프리드리히 엥겔스Frederick Engels는 사회주의를 실현할 수 있는 이 두 가지 방법 중 각각의 방법을 잇달아 제안했다. 1848년 「공산당선언Communist Manifesto」에서 그들은 자본주의를 사회주의로 변모시키는 단계적 계획을 개략적으로 설명했다. 프롤레타리아proletariat를 지배계급의 위치로 끌어 올리고, 그 정치적 우위를 이용하여 "부르주아

bourgeoisie의 모든 자본을 점차 몰수해야 한다."고 했다. 그들은 "이것은 재산권과 부르주아의 생산방식에 대해 독재적인 침투의 수단을 쓰지 않고서는 이루어질 수 없다. 그러므로 경제적으로 불충분하고 성립하지 않는 것처럼 보이지만, 운동과정에서 그 자체보다 뛰어나고, 사회적 구질서를 더욱 타파하는 데 필요하며, 생산방식을 완전히 혁신하는 수단으로서 불가피한 조치들을 취해야 한다."고 선언한다. 이 맥락에서 그들은 열 가지 방법을 열거한다.

훗날 마르크스와 엥겔스는 생각을 바꾸었다. 1867년에 처음 출판된 『자본론Das capital』에서 마르크스는 상황을 다른 방식으로 보았다. 사회주의는 '엄격한 자연법칙에 따라' 필연적으로 도래한다. 그러나 사회주의는 자본주의가 완전히 성숙하기 전에 나타날 수 없다. 자본주의가 붕괴하는 길은 하나, 즉 자본주의 자체의 진보적 진화뿐이다. 그러면 거대한 노동자 계급의 최후 반란이 최후의 일격을 가하고 영원한 풍요의 시대를 열 것이다.

이 후기 주장의 관점에서 마르크스와 정통파 마르크스주의자들은 자본주의를 개선하고, 규제하고, 제한하려고 꾸미는 모든 정책을 거부한다. 그들은 그런 정책들은 무익할 뿐만 아니라 완전히 해롭다고 주장한다. 그것들은 오히려 자본주의의 도래와 성숙, 그리고 그 붕괴를 지연시키기 때문이다. 따라서 그것들은 진보적인 것이 아니라 반동적이다. 독일 사회민주당German Social Democratic party이 비스마르크Bismarck의 사회보장법을 반대하고, 독일 담배산업을 국유화 하려던 비스마르크 계획을 무산시킨 것은 바로 이러한 견해 때문이다. 똑같은 견해로 공산주의자들은 미국의 뉴딜정책을 노동자들의 진정한 이익에 극도로 해로운 반동적 음모라고 낙인찍었다.

우리가 알아둬야 할 것은 공산주의자와 간섭주의자간의 대립은 초기 마르크스주의와 후기 마르크스주의의 두 교리 간에 존재하는 대립과 같다는 점이다. 그것은 1848년 『공산당선언』을 쓴 마르크스와 1867년에 『자본론』을 쓴 마르크스간의 대립이다. 그리고 마르크스가 오늘날 자칭 반공산주의자들의 정책을 지지한 문서를 『공산당선언』이라고 불리는 것은 정말 모순이 아닐 수 없다.

자본주의가 사회주의로 변모하는 데는 두 가지 방법이 있다. 하나는 모든 농장과 공장, 상점들을 몰수하여 정부부서로서 관료적 기구가 운영하는 것이다. 레닌의 말처럼 사회 전체는 '동일 노동에 동일 임금을 지불하는 하나의 근무처, 하나의 공장'[3]이 되고 전체 경제가 '우편제도와 같이'[4] 조직될 것이다. 다른 하나는 힌덴부르크 계획의 방법, 즉 원래의 독일식 복지국가 계획이다. 이것은 모든 기업과 모든 개인으로 하여금 정부의 중앙생산관리위원회에서 내리는 명령을 철저히 따르도록 강요한다. 기업의 저항이 좌절되고, 나중에 대법원이 위헌 결정을 내렸던 1933년 국가산업회복법 National Industrial Recovery Act의 취지가 바로 그런 것이다. 그것은 민간 기업을 계획으로 대체하려는 노력에 내포되어 있는 사상이다.

사회주의 수단 ① 외환통제

이 두 번째 형태의 사회주의를 실현하기 위한 가장 중요한 수단은 독일과 영국과 같은 산업국가에서의 외환통제다. 이 국가들은 자국민을 국내자원만으로는 먹이고 입힐 수가 없다. 그들은 많은 양의 식량과 원자재를 수입해야 한다. 절실히 필요한 이 수입품들에 대해 지불하기 위해서는 공산품을 수출해야만 하는데, 공산품의 대부분은 수입된 원자재로 만들어진다. 그러한 국가에서 거의 모든 상거래는 직접적이건 간접적이건 수입이나 수출, 또는 수입과 수출 모두에 좌우된다. 그러므로 정부가 외환을 사고파는 것을 독점하면 각종 기업 활동은 외환관리를 위임받은 기관의 재량에 좌우된다. 미국의 사정은 다르다. 국가 전체 교역량에 비해 대외 교역량이 다소 적다. 외환통제가 미국 기업들에 미치는 영향은 미미할 것이다. 이것이 우리 계획자들의 정책들 중에서 외환통제에 대해 거의 문제 제기를 하지 않는 이유다. 계획자들은 가격 및 임금, 이자율을 통제하려고 하고, 투자를 통제하며, 이윤 및 소득을 제한하려고 한다.

사회주의 수단 ② 누진과세

1913년 연방소득세 도입 초기부터 현재까지 소득세율의 진화를 돌이켜보면, 평균 유권자의 소득보다 많은 잉여분 모두에 대해 100퍼센트 세금을 매길 날이 오지 않으리라고 예측하지 않을 사람은 없다. 마르크스와 엥겔스가 『공산당선언』에서 '무거운 누진이나 점증 소득세'를 제안했을 때 마음속에 품고 있었던 것이 바로 이것이다.

『공산당선언』에서 제안한 또 다른 것은 '모든 상속권의 폐지'였다. 현재 영국이나 미국에 그 정도까지 나아간 법은 없다. 그러나 지난 재산세의 역사를 돌이켜보면 세금이 점점 마르크스가 정한 목표에 접근해 왔다는 것을 알 수 있다. 상위계층에 적용되는 재산세의 크기는 더 이상 세금의 수준이 아니다. 그것들은 몰수 수단이다.

누진세제의 저변의 철학은 부유층의 소득과 부는 자유롭게 뜯어낼 수 있다는 것이다. 이 세율을 옹호하는 사람들이 깨닫지 못하고 있는 것은 소득세로 거둬지는 많은 부분이 소비되는 것이 아니라 저축되고 투자된다는 점이다. 사실 이러한 재정정책은 새로운 자본축적을 막을 뿐만 아니라 자본축적의 감소를 야기한다. 이것이 바로 오늘날 영국의 상황이다.

사회주의로 향해 가는 흐름이 문제

때때로 중단되기는 했지만 지난 30년간의 사건들을 보면 미국도 영국이나 독일식의 사회주의를 형성해가는 쪽으로 계속 나아가고 있음을 볼 수 있다. 미국은 이 두 나라보다 늦게 그런 경향을 나타내고 있으며 오늘날에도 여전히 사회주의의 종점과는 멀리 떨어져 있다. 그러나 이런 경향이 변화되지 않는다면 최후의 결과는 애들리 수상 시절의 영국이나 히틀러 시절의 독일에서 일어났던 것과 본질적으로 크게 다르지 않을 것이다. 중도정책은 지속될 수 있는 경제제도가 아니다. 그것은 사회주의가 조금씩 실현되어 가는 방법이다.

민간기업의 자유로운 운영 범위가 점점 줄고 있다

많은 사람들은 반대한다. 그들은 누진세라는 수단을 통해 계획하거나 몰수하는 것을 목표로 하는 대부분의 법률에는 민간 기업이 수익을 올릴 수 있는 허점들이 남아 있다고 주장한다. 그러한 허점들이 여전히 존속하는 것과 그 덕분에 이 나라가 여전히 자유국가라는 것은 분명한 사실이다. 그러나 이 허점 자본주의는 오래 지속되는 시스템이 아니다. 일시적인 중지 시스템이다. 이 허점들을 없애기 위한 강력한 힘이 작용하고 있다. 나날이 민간 기업이 자유롭게 운영할 수 있는 범위가 좁아들고 있다.

사회주의의 도래는 피할 수 없는 것이 아니다

물론 이 결과를 피할 수 없는 것은 아니다. 역사의 많은 다른 추세가 그랬듯이 그 경향은 역전될 수 있다. 사회주의가 '엄격한 자연법칙에 따라' 필연적으로 도래한다는 마르크스의 교리는 어떤 증거도 없는 자의적인 추측일 뿐이다. 그러나 마르크스주의자뿐만 아니라 자칭 비마르크스주의자라고 하는 많은 사람들 사이에서 이 헛된 예측이 누리고 있는 신망이 사회주의가 발전되게 하는 주요 요인이다. 그것은 그렇지 않으면 사회주의자의 위협에 용감하게 싸울 사람들에게 패배주의를 확산시키고 있다. 소련의 가장 강력한 동맹자는 '미래의 물결'이 우리를 사회주의로 이끌며, 그래서 시장경제의 작동을 더욱더 규제하는 모든 조치들에 동조하는 것이 '진보적'이라는 교리이다.

한 세기의 '탄탄한 개인주의' 덕분에 그 어느 나라에서도 이루지 못한 높은 생활수준을 이룩한 미국에서도 여론은 불간섭주의laissez-faire를 비난한다. 지난 50년간 자본주의를 고발하고 급진적 간섭주의, 복지국가, 사회주의를 옹호하는 수천 권의 책이 출판되었다. 자유시장경제의 움직임을 올바로 설명한 몇 권 안 되는 책들은 대중의 주목을 거의 받지 못했다. 그 저자들은 잘 알려지지 않았던 반면에 베블런Veblen, 커먼스Commons, 존 듀이John Dewey, 래스키Laski 같은 저자들은 극찬을 받았다. 할리우드뿐만 아니라 법정도 많은 소설과 마찬가지로 자유기업에 대해 철저하게 비판적이라는 것은 잘 알려진 사실이다. 미국에는 매호마다 경제적 자유를 맹렬히 공격하는 많은 정기간행물이 있다. 대부분의 국민들에게 좋은 음식과 주거지, 자동차, 냉장고, 라디오, 그리고 다른 나라에서는 사치품이라고 부르는 제품들을 제공하는 제도에 대해 옹호하는 의견을 내는 간행물은 거의 찾아볼 수 없다.

이런 현실의 영향 때문에 민간 기업의 시스템을 보존하기 위해 취해지고 있는 것이 거의 없다. 단지 매우 파괴적인 조치들을 한동안 지연시켰을 경우 성공했다고 간주해버리는 중도주의자들이 있을 뿐이다. 그들은 항상 물러서고 만다. 그들은 10년, 20년 전만 해도 자신들이 생각하기에 논의의 대상도 되지 않았던 조치들을 오늘날 받아들이고 있다. 그들은 몇 년 안에 오늘날 자신들이 생각하기에 그야말로 말도 안 되는 조치들을 묵인할 것이다.

전체주의적 사회주의의 도래를 막는 길은 철저한 이념의 변화뿐이다. 우리에게 필요한 것은 반사회주의도 반공산주의도 아니고, 비교적 궁핍했던 지나간 시대와 달리 오늘날 우리에게 부를 가져다 준 그 제도를 공개석상에서 적극적으로 지지하는 것뿐이다.

3
불간섭주의인가, 독재인가[5]

거침없는 비난의 말들

100년 이상 불간섭주의laissez faire나 자유방임주의laissez passer란 용어는 전체주의적 전제주의의 앞잡이들을 격분시키는 말이었다. 이 열성분자들이 보기에는 이것은 자본주의의 모든 악덕들로 가득 차 있는 용어다. 그러므로 그 오류를 드러내는 것은 생산수단의 사적 소유제도의 이념적 토대를 타파하고, 그것과 반대되는 것, 즉 공산주의나 사회주의의 장점을 암묵적으로 보여주는 것과 같다.

『사회과학 백과사전Encyclopaedia of the Social Sciences』은 미국과 영국의 대학교에서 가르치는 교리를 대표한다고 생각해도 무방할 것이다. 제9권에 옥스퍼드의 교수이고 탐정소설가인 G. D. H. 콜Cole이 쓴 「불간섭주의」라는 항목이 있다. 5와 4분의 1쪽이나 되는 이 글에서 콜 교수는 거침없이 마음껏 비난의 말들을 쏟아냈다. 불간섭주의는 '검증할 수 없으며', 오직 '통속적인 경제학'에서나 횡행할 뿐이고, '이론적 파산'과 '시대착오'이며, '편견'으로만 존속할 뿐이지, '이론적 존중을 받을 만한 교리로서는 죽은 것이다.' 그외 많은 유사한 모욕적인 표현들을 사용하고 있지만 콜 교수의 주장은 완전히 요점을 놓치고 있다는 사실을 감추지 못하고 있다. 콜 교수는 시장경제가 무엇인지, 또 어떻게 작동하는지를 알지 못한다는 사실만으로도 이 문제를 논할 자격이 없다. 그의 글에서 유일하게 옳은 표현은 불간섭주의를 거부하는 사람들이 사회주의자들이라는 진부한 문구다. 또 그에게서 옳은 점은 불간섭주의에 대한 논박이 "러시아의 공산주의처럼 이탈리아의 파시즘의 국가이념에서 두드러진다."는 데 있다.

콜 교수의 글이 실린 그 책은 1933년 1월에 출판되었다. 이것은 그가 왜 나치독일을 그 사악한 불간섭주의의 저주에서 벗어난 국가들의 대열에 포함시키지 않았는지를 보여준다. 그는 불간섭주의를 거부하는 생각이 "주로 러시아의 영향을 받아 지금 전 세계로 확산되고 있는 많은 국가계획의 배후에 있다"고 만족감을 표현할 뿐이다.

자유주의라는 이름을 훔치다

학식 있는 역사가들은 불간섭주의, 자유방임주의라는 용어의 기원을 누구로부터 해야 할 것이라는 문제로 심히 고민해 왔다.[6] 어쨌든 18세기 후반에 유명한 프랑스 경제적 자유의 거장들, 특히 구르네이Gournay, 케네Quesnay, 튀르고Turgot, 미라보Mirabeau 등이 자기들의 계획을 대중적으로 사용하기 위해 이 문장으로 압축해 표현한 것은 틀림이 없다. 그들의 목표는 간섭받지 않는 시장을 확립하는 것이었다. 그 목적을 달성하기 위해서 그들은 근면하고 효율적인 사람들이 근면하지 못하고 비효율적인 경쟁자들을 앞서는 것을 막는, 상품과 사람의 이동을 제한하는 모든 법령의 폐지를 주장하였다. 이것을 표현하기 위해 고안된 것이 바로 그 유명한 표현이다.

때때로 불간섭주의, 자유방임주의란 용어를 사용하였던 18세기 경제학자들이 그들의 사회철학을 불간섭주의로 명명하려 했던 것은 아니었다.

그들은 인류에게 이익이 될 새로운 사회적 정치적 사상을 구체화하는 데에 노력을 집중했다. 그들은 파벌이나 당파를 조직하고 그것에 대한 명칭을 찾고자 하지 않았다. 나중에, 1920년대에 이르러서야 자유주의, 즉 자유의 복합적인 정치철학 전체를 의미하는 용어가 등장했다. 이 새로운 단어는 입헌정부와 종교적 자유의 지지자들을 가리키는 스페인 말에서 빌려온 것이다. 이 말은 곧 유럽 전역에서 대의정치, 사상 및 언론과 출판의 자유, 생산수단의 사적 소유, 그리고 자유무역을 찬성하는 사람들의 노력에 대한 표시로 사용되었다.

자유주의 프로그램은 분할하거나 분리할 수 없는 전체이지 다양한 부분이 임의로 조립된 조각보가 아니다. 다양한 부분들이 서로에게 영향을 미친다. 경제적 자유 없이 정치적 자유가 보존될 수 있거나, 혹은 그 반대의 경우도 마찬가지라는 생각은 착각이다. 정치적 자유는 경제적 자유의 필연적 결과이다. 자본주의 시대가 국민에 의한 정치의 시대가 되었던 것은 우연이 아니다. 만약 개인이 시장에서 자유로이 사고 팔 수 없다면 헌법에 뭐라고 적혀 있건, 그들은 전능한 정부의 선한 은총에 종속되는 실질적인 노예로 변한다.

사회주의와 현대 간섭주의의 선조들은 그들의 프로그램이 자유주의의 정치적 원리들과는 양립할 수 없다는 사실을 아주 잘 알고 있었다. 그들이 열정적으로 공격의 대상으로 삼은 것은 자유주의 전체였다. 그들은 자유주의의 정치적 측면과 경제적 측면을 구분하지 않았다.

그러나 해가 갈수록, 앵글로색슨 국가의 사회주의자들과 간섭주의자들은 자유주의와 자유주의 사상을 공공연히 공격하는 것은 가망 없는 모험이라는 것을 깨달았다. 영어권 세계에서는 자유주의 제도에 대한 신망이 너무 압도적이어서 그 어떤 집단도 직접적으로 그들을 거스를 위험을 감수할 수 없었다. 반사유주의가 취할 수 있는 유일한 길은 자신들이 순수하고 진정한 자유주의라고 위장하고 그 외의 모든 집단은 사이비 자유주의라고 비난하는 것이었다.

　대륙의 사회주의자들은 광적으로 자유주의와 진보주의를 깎아내리고 헐뜯었으며, 민주주의를 '금권민주주의plutodemocracy'라고 모욕적으로 표현하며 비하했다. 처음에는 똑같은 과정을 받아들여 이를 흉내 낸 앵글로색슨들은 나중에 자신들의 어의를 바꾸어 자신들을 자유주의니, 진보주의니, 민주주의니 하는 이름으로 사칭하였다. 그들은 정치적 자유가 경제적 자유의 필연적 결과라는 것을 단호히 부정하기 시작했다. 그들은 정부가 모든 생산 활동을 완전히 통제하고 시민 개개인은 중앙계획위원회의 명령에 무조건적으로 복종해야 민주주의 제도가 만족스럽게 작동할 수 있다고 대담하게 주장하였다. 전면적 통제만이 국민을 자유롭게 하는 방법이고 출판의 자유도 정부가 인쇄와 출판권을 독점하고 있을 때 최대로 보장되는 것으로 보았다. 그들은 자유주의라는 좋은 옛 이름을 훔치고 그들 자신의 교리와 정책을 자유주의라고 부르는 데에 대해 어떠한 양심의 가책으로 괴로워하지 않았다. 오늘날 이 나라에서 '자유주의'라는 용어는 공산주의의 동의어로 사용되고 있지는 않다.

　사회주의자들과 간섭주의자들이 이렇게 해서 시작한 의미론적 혁신으로 인해 자유를 옹호하는 사람들에게 남겨진 명칭은 아무것도 없게 되었다. 물적 생산요소의 사적 소유가 최고이며, 그것이 사실상 국가와 모든 국민 개개인을 최대한 부유하게 해줄 수 있고 대의정치가 작동할 수 있게 하는 유일한 방법이라고 믿고 있는 사람들을 부를 때 사용할 적절한 단어가 없게 되었다. 사회주의자들과 간섭주의자들은 그런 사람들에게는 어떤 이름도 분에 넘친다고 믿으면서 '수전노', '월 스트리트의 나팔수', '반동주의자' 등과 같은 모욕적인 별칭을 사용했다.

　이러한 상황은 불간섭주의라는 표현이 점점 더 정부의 계획과 통제에 반대해 자유시장경제를 옹호하는 사람들의 생각을 나타내는 의미로 사용되는 이유를 설명하고 있다.

케언스Caines의 모호한 주장

오늘날 지적인 사람은 선택 가능한 것이 시장경제이거나 공산주의라는 것을 어렵지 않게 깨달을 수 있다. 생산은 모든 사람들의 구매와 구매하지 않음에 따라 이뤄지든가, 아니면 중앙의 최고 권력자의 명령에 따라 이뤄질 수 있다. 인간은 이 두 가지 사회의 경제조직 제도 중 하나를 선택해야 한다. 세 번째 해법, 중도노선은 없다.

정치인들과 선동가들이 이런 기본적인 진실을 알지 못한 것뿐만 아니라 일부 경제학자들조차 관련 문제를 다루는 데 있어서 오류를 범하고 있다는 것은 슬픈 일이다.

존 스튜어트 밀John Stuart Mill이 기업에 대한 정부의 간섭을 헷갈리게 다룸으로써 발생한 나쁜 영향에 대해 자세히 논할 필요는 없다. 그가 말하는 '적격의 사회주의에 더 가까운 것'에 귀착하는 그의 마음의 변화가 순전히 개인적인 감정과 감동에 의해 유발된 것이지, 감정적으로 흔들리지 않는 이성에 의해 유발된 것이 아니었음이 밀의 『자서전』에서 밝혀졌다.[7] 밀과 같이 훌륭한 사상가의 논고를 기형으로 만들고 있는 오류를 논박하는 것은 분명히 경제학의 과제들 중 하나이다. 그러나 그의 아내(역자 주: 헤리어트 테일러 밀)의 선입관에 대해 논쟁하는 것은 불필요한 일이다.

밀 이후 몇 년 뒤에 또 다른 뛰어난 경제학자 케언스J. E. Caines가 똑같은 문제를 다루었다.[8] 철학자로서 평론가로서 밀은 케언스보다 훨씬 뛰어났다. 그러나 경제학에 있어서 케언스는 결코 밀에 뒤지지 않으며 사회과학의 인식론에 대한 그의 기여는 밀과는 비교할 수도 없을 정도로 더 가치 있고 소중하다. 하지만 케언스의 불간섭주의에 대한 분석에 있어서는 그의 다른 글에서 보이는 날카로운 논리의 정확성이 보이지 않는다.

케언스는 불간섭주의에 내포된 주장은 "자기이익을 고무시키는 것이 개인들의 물질적 부와 관련된 모든 행동영역에서 개인들을 자발적으로 자신의 이익과 모든 사람들의 이익에 최선인 것을 따르게 할 것이다"라고 보고 있다. 그의 이 주장은 "다음의 두 가정을 포함하고 있다. 하나는 인간의 욕구는 기본적으로 같다는 것, 즉 나의 이익에 최선인 것은 역시 다른 사람들의 이익에도 최선이라는 것이고, 다른 하나는 개개인이 다른 사람들의 이익과 일치될 때 자신들의 이익을 알게 되고, 이런 의미에서 강제성이 없는한 그들은 그 이익을 따르리라는 것이다. 만약 이 두 명제가 증명된다면 불간섭주의 정책은 과학적 엄밀성을 따르게 된다."고 말한다.

케언스는 논법의 첫 번째 전제인 인간의 욕구는 근본적으로 모두 같다는 것을 수용하는 경향이 있다. 그러나 두 번째 전제는 기각한다.[9] "인간은 그들의 경향과 취향에 따라 자신들의 이익을 쫓는다. 그러나 개인의 이익이 다른 사람의 이익과 전체의 이익과 반드시 일치한다고 말하는 것은 아니고, 또 실제로 항상 그런 것은 아니다."[10]

논쟁을 위해서 케언스가 문제를 제기하고 주장하는 방식을 받아들이기로 하자. 인간은 과오를 저지르며, 그러므로 때때로 자신의 진정한 이익이 자신들에게 요구하는 것이 무엇인지를 알지 못한다. 더욱이 "이 세상에는 사람들이 최고 최대의 이익추구를 하지 못하게 하는 격정, 편견, 관습, 일치단결, 집단이익 등이 있다."[11] 현실이 그렇다는 것은 참 불행한 일이다. 그러나 우리는 물어 봐야 한다. 사람들의 오판과 악의로부터 피해를 입지 않도록 인류를 보호할 방법이 있는가? 시민개인의 재량을 정부의 재량으로 대체함으로써 이러한 인간의 약점으로 초래되는 비참한 결과를 피할 수 있다고 가정하는 것은 그릇된 추론이 아닌가? 정부는 지적, 도덕적 완벽함을 지니고 있는가? 지배자들 역시 인간이 아닌가? 그들 스스로가 인간의 약함과 허점을 갖고 있지 않은가?

신정주의 교리는 정부의 수장에게는 초인적 권리가 있다고 생각하는 데에 있다. 프랑스 왕당파들은 라임Rheims시의 엄숙한 성별식에서 천국의 비둘기가 클로비스Clovis의 성별식을 위해 가지고 내려온 성유를 바른 프랑스

왕에게 신탁이 전달된다고 주장한다. 합법적인 왕은 실수할 수도, 틀릴 수도 없으며 그의 귀한 손이 닿으면 연주창까지 기적적으로 치유된다. 고인이 된 독일의 베르너 좀바르트Werner Sombart 교수 역시 통치권Fuhrertum은 영원한 계시이며, 지도자Fuhrer는 우주의 최고의 권위자인 신으로부터 직접 명령을 받는다고 시종일관 주장한다.[12] 일단 이 전제를 인정한다면 결코 계획이나 사회주의에 반대할 수 없다. 신이 내린 지도자가 우리를 행복하게 하고 잘살 수 있게 한다면 왜 어설프고 악의를 가진 실수투성이 사람들의 무능을 용인하겠는가?

그러나 케언스는 '국가통제의 원리, 즉 온정주의 정부의 교리'를 받아들일 준비가 되어 있지 않다.[13] 그의 논문들은 모호하고 모순된 말로 헷갈리게 쓰여 있어 관련 문제에 대한 해답을 제시하지 못하고 있다. 그는 개인의 주권과 정부의 주권 간에 선택이 불가결하다는 사실을 이해하지 못하고 있다. 어떤 주체든지 생산요소가 어떻게 사용되고 무엇을 생산해야 하는지를 결정해야만 한다. 만약 시장에서 소비자가 구매와 구매하지 않는 방법을 이용해 결정하지 않는다면 정부가 강제로 해야 한다.

만약 사람들이 인간이 실수하고 도덕적으로 취약하기 때문에 불간섭주의를 거부한다면, 똑같은 이유로 모든 정부 조치를 거부해야 한다. 케언스의 주장 방식이 프랑스의 왕정주의나 독일나치식의 신권정치철학과 통합되지 않는다면, 그것은 결국 완전한 무정부주의와 허무주의가 된다.

자칭 '진보주의자'들이 불간섭주의를 비방할 때 저지르는 한 가지 오류는 불간섭주의를 시종일관 적용하면 무정부상태를 초래할 수밖에 없다는 것이다. 이 궤변을 길게 논할 필요는 없다. 최종적인 논리적 결론까지 쭉 따라가 보면 불간섭주의에 반대하는 케언스의 주장이 본질적으로 무정부적이라는 사실을 강조하는 것이 더 중요하다.

의식적 계획 vs. 자동적인 힘

자칭 '진보주의자'들이 파악하고 있는 것처럼, 선택 가능한 것은 '자동적인 힘'이냐, 아니면 '의식적 계획'이다.[14] 그들은 계속해서 자동적인 힘의 과정에 의존하는 것은 정말 어리석은 짓이라고 말한다. 합리적인 사람이라면 결코 아무것도 하지 않고 의도적인 조치로 어떤 간섭도 하지 말고 내버려두라고 할 수 없다. 계획은 의식적 행동의 표현이라는 그 사실 때문에 아무런 계획이 없는 것보다는 훨씬 낫다. 불간섭주의란 악이 지속하도록 내버려두고 합리적인 조치로 인류의 운명을 개선하기 위해 노력하지 말라는 것을 의미한다.

이것은 완전히 틀리고 기만적인 말이다. 계획을 찬성하여 내놓는 주장은 비유에 대해 전적으로 인정할 수 없는 해석에서 나온 것이다. 그 해석은 관례상 시장과정을 비유적인 의미로 설명하는 데 사용되는 '자동적automatic' 용어에 대한 사전적 의미 이외에는 어떤 근거도 가지고 있지 않다. 『콘사이스 옥스퍼드 사전Concise Oxford Dictionary』에 보면 자동적이란 말은 "무의식적이고, 무지하고, 단순히 기계적인"이라고 되어 있다. 『웹스터 대학생용 사전Webster's Collegiate Dictionary』에서는 자동적이란 "의지력에 의해 지배되지 않는…… 활발한 사고나 의식적 의도, 또는 지시 없이 행해지는" 것으로 나와 있다. 이 비장의 수단으로 계획의 옹호자가 얼마나 놀라운 승리를 거두었나!

진실은 한쪽에 죽은 메커니즘과 경직된 자동주의를 놓고 다른 한쪽에는 의식적 계획을 놓고 둘 중에 선택하는 것이 아니라는 점이다. 계획이냐, 무계획이냐가 아니다. 문제는 누구의 계획인가다. 사회의 각 구성원이 자신을 위해 계획해야 하는가, 아니면 온정주의 정부 홀로 모든 사람을 위해 계획해야 하는가? 문제는 자동주의인가 의식적 행동인가가 아니고, 각 개인의 자발적인 행동 대 정부의 전제적인 행동이다. 그것은 자유 대 정부의 전

지전능이다.

불간섭주의는 영혼 없는 기계적 힘이 작동하도록 내버려두라는 의미가 아니다. 그것은 개인이 사회적 분업으로 어떻게 협력하고 싶은지를 선택하고 기업가가 무엇을 생산해야 하는지를 결정하게 하는 것이다. 계획은 정부가 홀로 강제와 강요의 조직체를 통해 결정하고 시행한다는 의미다.

누가 '진정한' 욕구를 결정하는가?

계획자들은 불간섭주의 하에서 생산되는 재화는 사람들이 '정말로' 필요로 하는 재화가 아니고 최고의 판매수익이 예상되는 재화라고 말한다. '진정한' 욕구를 만족시키는 방향으로 생산을 유도하는 것이 계획의 목적이라고 한다. 그러나 그 '진정한' 욕구가 무엇인지를 누가 결정해야 하는가?

그래서 예를 들어, 전에 영국 노동당British Labor Party 당수였던 해롤드 래스키Harold Laski 교수는 계획된 투자방향의 목적을 '투자자의 저축을 영화보다는 주택에 사용하는 것'으로 결정하였다.[15] 영화보다 좋은 집이 더 중요하다는 교수의 개인적인 견해에 동의하고 안하고는 중요하지 않다. 팩트는 소비자들이 그와는 다른 선택을 해 자신의 돈을 영화 보는 데에 쓴다는 것이다. 만약 노동당에게 표를 몰아줘 권력을 주었던 그 대다수의 영국 국민들이 영화를 보지 않고 안락한 주택과 아파트에 더 많은 돈을 쓴다면 이윤을 추구하는 사업가들은 주택과 아파트 건설에 더 많이 투자하고 근사한 영화 제작에는 적게 투자하지 않을 수 없을 것이다. 래스키 교수가 목표로 한 것은 소비자의 바람을 거스르고 소비자의 의지를 자신의 의지로 대체하려고 한 것이다. 그는 시장의 민주주의를 없애고 생산 독재자의 절대적인 지배를 확립하고 싶어 했다. 그는 '고차원적인' 관점에서 자신은 옳고, 자신은 슈퍼맨이기 때문에 자신의 가치를 열등한 대중에게 강요할 수밖에 없다는 식으로 가장하고 있었는지도 모른다. 그러나 그렇다면 그는 숨김없이 아주 솔직하게 말해야 했다.

정부 기능의 탁월함에 대한 이 모든 열렬한 찬양은 간섭주의자 개인 자신의 신격화에 대한 어설픈 가장에 지나지 않는다. 그 위대한 신의 나라가 위대한 이유는 오직 간섭주의의 주창자 개인이 성취하고 싶어 하는 것을 할 수 있을 것으로 기대하기 때문이다. 계획자 개인이 완전히 괜찮다고 생각한 것만이 진정한 계획이다. 그 외의 모든 것은 사이비일 뿐이다. 계획의 이점에 관한 책의 저자가 마음속에 품고 있는 것은 자기 자신의 계획뿐임은 물론이다. 정부가 시행할 계획이 자기 자신의 계획과 다를 수 있다는 가능성을 고려할 만큼 빈틈없는 계획자는 이제껏 없었다.

다양한 계획자들이 유일하게 서로 동의하고 있는 것은 불간섭주의에 대한 반대, 즉 개인의 재량에 의한 선택과 행동에 대한 반대이다. 그들은 유일무이한 계획을 채택하는 선택에 있어서는 전혀 의견의 일치를 보이지 않는다. 간섭주의 정책의 명백하고 반박의 여지가 없는 결점이 노출될 때마다 간섭주의의 옹호자들이 반응하는 방식은 똑같다. 그들은 이런 결점들은 사이비 간섭주의의 잘못이라고 하고, 자기들이 주장하는 것은 옳은 간섭주의라고 말한다. 물론 옳은 간섭주의는 교수 자신이 내세우는 것만이다.

긍정적인 정책 vs. 부정적인 정책

현대 국가주의, 사회주의, 그리고 간섭주의의 증가에 있어서 이익집단과 공무원의 로비와 공무원을 열망하는 대학졸업자들의 압도적인 역할을 무시해서는 안 된다. 유럽이 '사회개혁'을 향해 진척해 간 과정에서 두드러진 역할을 한 두 협회가 있다. 바로 영국의 페이비언 협회Fabian Society와 독일의 사회정치연합Verein fur Sozialpolotik이다. 페이비언 협회는 초기에는 '전적으로 편향되게 공무원을 대표하는 집단'이었다.[16] 사회정치연합의 창시자 중의 한 사람이고 가장 유명한 지도자였던 브렌타노Lujo Brentano 교수는

그 조직이 초기에 공무원 외에는 아무에게도 반응을 얻지 못했음을 인정했다.[17]

새로운 파당적 조직들이 나타내는 의미를 실행하는 데에 공무원의 사고방식이 반영되었다는 것은 놀라운 일이 아니다. 관료라는 특정집단의 이익의 관점에서 보면 공무원 수를 증가시키는 모든 조치는 진보다. 그런 조치에 찬성하는 정치인들은 복지에 긍정적인 기여를 하는 반면, 반대하는 정치인들은 부정적인 사람들이다. 이 언어적 혁신은 곧 일반화되어 버렸다. 스스로를 '자유주의자'라고 주장하면서 간섭주의자들은 자신들이 '전통' 불간섭주의자들의 부정적인 정책과는 구분되는 긍정적인 정책을 가지고 있는 자유주의자라고 설명하였음은 물론이다.

그래서 관세, 검열, 외환통제, 가격통제를 옹호하는 사람들은 세관원과 검열관, 가격통제와 외환관리를 위한 일자리를 제공하는 긍정적인 정책을 지지한다. 그러나 자유무역과 출판의 자유를 주장하는 사람들은 나쁜 시민이 된다. 그들은 부정적이기 때문이다. 불간섭주의는 부정주의의 실현인 반면, 전 국민을 100퍼센트 공무원으로 만드는 사회주의는 긍정적이다. 자유주의자였던 자가 자유주의로부터 완전히 변절하여 사회주의에 가까워지면 질수록 그는 더욱더 '긍정적'이 된다.

말할 필요도 없이 이것은 모두 터무니없는 소리다. 어떤 생각이 긍정적인 명제인지, 부정적인 명제인지는 전적으로 저자가 선택한 표현방식에 달려 있다. 나는 검열제도에 반대한다는 '부정적인' 명제는 나는 자신의 의견을 공표하는 모든 사람의 권리를 지지한다는 '긍정적인' 명제와 동일하다. 불간섭주의는 표현적으로도 부정적인 문구가 아니다. 오히려 부정적으로 들리는 것은 불간섭주의와 반대되는 것이다. 본질적으로 그 말은 생산수단의 사적 소유를 요구한다. 물론 이것은 사회주의를 거부한다는 것을 의미한다. 불간섭주의의 지지자들이 정부가 경제에 개입하는 것을 반대하는 이유는 그들이 '국가'를 '싫어'하거나 '부정적인' 정책에 전념하기 때문이 아니다. 그들은 그것이 자유 시장경제라는 자신들의 긍정적 정책과 양립할 수 없기 때문에 반대하는 것이다.[18]

결론

불간섭주의가 의미하는 것은 이것이다. 시민 개인, 보통 일반인이라고 불리는 사람들이 선택하고 행동하게 하라는 것이며 독재자에게 굴복하도록 강요하지 말라는 것이다.

4
돌을 빵으로 만든다는 케인스학파[19]

I

모든 사회주의 저자들의 상투적인 사고방식은 잠재되어 있는 자원이 풍부하며, 자본주의를 사회주의로 대체하면 모든 사람에게 '그의 필요에 따라' 주는 것이 가능할 것이라는 생각이다. 이러한 낙원을 다른 저자들은 화폐와 신용제도의 개혁을 통하여 실현하고자 한다. 그들은 많은 돈과 신용이 필요하다고 생각한다. 그들은 이자율이란 '지불수단'의 인위적인 희소성으로 인해 인공적으로 만들어진 현상이라고 본다. 수백, 아니 수천 권의 책과 팸플릿에서 그들은 '전통' 경제학자들이 인플레이션주의자와 확장주의자들의 학설의 건전성을 인정하지 않으려 한다고 강력하게 비난한다. 그들은 모든 악은 경제학이라는 '우울한 학문'의 잘못된 가르침과 은행가와 고리대금업자의 '신용 독점' 때문에 발생한다고 계속 되풀이한다. 그들의 정치적 강령의 주요 골격은 돈을 '제한주의restrictionism'란 속박에서 풀어버리고, 공짜 돈free money(실비오 게젤 Silvio Gesell이 사용한 용어, Freigeld)을 만들고, 그리고 값싼, 심지어 공짜로 신용을 제공하는 것이다.

그런 생각은 잘 알지 못하는 대중에게 어필한다. 그리고 그것은 통화량을 늘리는 정책에 연연하는 정부에게 매우 인기가 있다. 그러나 인플레이션주의의 정부나 정당은 인플레이션주의자들의 교리를 자신들이 지지하고 있다는 것을 공개적으로 인정하려 하지 않는다. 대부분의 국가들이 인플레이션과 저리자금(easy money) 정책을 실행함에도 불구하고 인플레이션주의의 학문적 옹호자들은 여전히 '통화팽창 광신자monetary crank'로 취급받았다. 그들의 학설은 대학에서 가르치지 않았다.

영국정부의 경제고문이었던 존 메이너드 케인스John Maynard Keynes는 인플레이션주의의 새로운 제창자였다. '케인스 혁명'은 케인스가 실비오 게젤의 학설을 공개적으로 지지했다는 사실에 있다. 영국 게젤학파의 으뜸가는 존재로서 케인스 경은 또한 인플레이션주의자 문헌의 특이한 메시아적 용어를 채택해 사용하며 그것들을 공식 문서에 집어넣었다. 1943년 4월 8일자 「영국 전문가의 신문The Paper of the British Experts」에 신용팽창은 '돌을 빵으로 만드는 기적'을 일으킨다는 글이 실렸다. 물론 이 글을 쓴 사람은 케인스였다. 영국은 기적에 대한 흄과 밀의 시각과는 아주 거리가 먼 이 주장에 이르렀다.

II

케인스는 1920년 『평화의 경제적 귀결The Economic Consequences of the peace』이라는 저서로 정계에 입문하였다. 그는 배상청구액이 독일이 갚을 수 있고 '양도'할 수 있는 수준을 훨씬 넘어선다는 것을 보여주려 했다. 그 책은 크게 성공했다. 모든 국가에서 잘 자리 잡은 독일 민족주의자들의 선전기구들은 부지런히 케인스를 세계에서 가장 뛰어난 경제학자, 영국에서 가장 현명한 정치가라고 대변했다.

그러나 영국이 양 대전 사이의 기간 동안에 취했던 자멸적인 대외정책에 대해 케인스를 비난하는 것은 잘못일 것이다. 유화정책의 출현에 더할 나위 없이 중요한 역할을 했던 것은 다른 힘이었다, 특히 마르크스의 제국주의와 "자본주의의 전쟁도발capitalist warmongering' 이론을 채택한 것이었다. 예리한 시각을 가진 소수의 사람들을 제외한 모든 영국인들은 결국 나치가 제2차 세계대전을 일으키는 것을 가능하게 한 정책을 지지했다.

천재적인 프랑스의 경제학자 에티엥 망토우Etienne Mantoux는 케인스의 그 유명한 책을 하나하나 분석하였다. 매우 세밀하고 정성들인 그의 연구 결과는 경제학자이자 통계학자일 뿐만 아니라 정치가인 케인스에게 엄청난 손상을 입히는 것이었다. 케인스의 추종자들은 제대로 된 응수를 하지 못했다. 그의 친구이자 전기 작가인 E. A. G. 로빈슨Robinson 교수가 할 수 있었던 유일한 주장은 케인스의 입장에 대한 이러한 강력한 반박은 "예상했던 대로 프랑스인에게서"(Economic Journal Vol. LVII, p.23) 나왔다고 한 것이다. 마치 유화정책과 패배주의의 비참한 결과가 영국에게 아무런 영향을 미치지 않았다는 것처럼!

유명한 역사학자 폴 망토우Paul Mantoux의 아들인 에티엥 망토우는 가장 촉망받는 프랑스의 젊은 경제학자였다. 그는 자신의 저서, 『카르타고적 화평(역자 주: 패자에게 아주 엄한 화평조약)인가, 또는 케인스의 경제적 결과인가The Carthaginian Peace or the Economic Consequences of Mr. Keynes』(Oxford University Press, 1946)를 쓰기 이전에도 경제학에 값진 공헌을 하였다. 그 중 하나가 1937년 『정치경제학 리뷰Revue d'Economie Politique』에 실린 케인스의 『일반이론』에 대한 날카로운 비평이었다. 그는 그의 책이 나오는 것을 보지 못했다. 그는 프랑스군의 장교로 근무하던 중 전쟁의 막바지에 전사하였다. 그의 요절은 오늘날 굳건하고 용기 있는 경제학자를 절실하게 필요로 하는 프랑스에게는 큰 타격이었다.

III

오늘날 영국의 경제와 재정정책의 실패를 케인스의 탓으로 돌리는 것 역시 잘못이다. 그가 글을 쓰기 시작했을 때, 이미 영국은 불간섭주의의 원칙을 포기한 지 오래였다. 이것은 토머스 칼라일Thomas Carlyle과 존 러스킨John Ruskin과 특히 페이비언협회 사람들이 한 일이었다. 1880년대와 그 이후에 태어난 사람들은 빅토리아 말기의 대학과 사랑방 사회주의자parlor Socialist의 아류에 지나지 않았다. 그들은 그들의 선배들처럼 지배체제에 대한 비판자가 아니라 오히려 무능, 무익, 그리고 파괴성이 점점 더 분명해지는 정부와 압력집단 정책의 옹호자였다.

세이무어 해리스Seymour E. Haris 교수는 1936년에 출판된 케인스의 『고용, 이자 및 화폐에 관한 일반이론General Theory of Employment, Interest and Money』에 전개된 학설을 다루는 여러 학술적 및 관료주의적 저자들이 쓴 논문들을 모은 두꺼운 책을 출판하였다. 그 책의 제목은 『새로운 경제학, 이론과 공공정책에 끼친 케인스의 영향The Economics, Keynes' Influence on Theory and Public Policy』(Alfred A. Knopf, New York, 1947)이었다. 케인스 이론이 '새로운 경제학'이란 명칭을 사용하는 것이 정당한지, 또는 오히려 종종 논박당하는 중상주의의 오류, 그리고 돈을 찍어내 모든 사람을 부유하게 만들고자 했던 수많은 저자들의 논법을 재탕한 것은 아닌지는 중요하지 않다. 중요한 것은 그 학설이 새로운 것인가가 아니라 건전한가 하는 것이다.

이 책에서 주목할 만 한 점은 진지한 경제학자들이 케인스에 대해 제기한 실증적 반론에 대한 논박을 시도조차 하지 않는다는 것이다. 그 편집자는 솔직하고 부패하지 않는 사람은 누구도 케인스를 반대할 수 없다고 생각하는 것 같다. 그는 케인스에 대한 반대는 '낡은 이론의 기득권'과 '신문, 방송, 돈을 대 매수된 연구의 압도적 영향'에서 나온다고 보는 것 같다. 그의 눈에는 비케인스주의자들은 단지 뇌물 받은 아첨꾼들일 뿐, 주의를 기울일 가치가 없는 것으로 비치는 것 같다. 그래서 해리스 교수는 그들의 논문을 반박하기보다는 마르크스주의와 나치의 방법들을 채택해 그들의 비판을 중상모략하고 그들의 동기를 의심하는 것을 택했다.

몇 편의 논문은 품위 있는 언어로 쓰여 있으며 케인스 업적에 대해 유보적이고 심지어 비판적인 평가를 하고 있다. 나머지는 그저 열광적인 찬양일 뿐이다. 폴 새뮤얼슨Paul E. Samuelson 교수는 우리에게 이렇게 말한다. "경제학자로 1936년 이전에 태어난 것은 한 마디로 축복이다. 그러나 너무 오래전에 태어난 것은 축복이 아니다!" 그리고는 워즈워스Wordsworth의 말을 인용했다.

"그 새벽에 살아 있었던 것은 축복이었다.
그러나 젊다는 것은 곧 천국이었지!"

파르나소스Parnassus(역자 주: 그리스의 신성한 산 이름, 일반적으로 시, 문학 및 학습을 상징함)의 높은 산꼭대기에서 수량적 과학의 따분한 계곡으로 내려간 새뮤얼슨 교수는 우리에게 1936년의 케인스 복음에 대한 경제학자들의 감수성에 관한 정확한 정보를 제공하고 있다. 35세 이하의 사람들은 얼마 후 그것의 의미를 완전히 파악했다. 50세 이상의 사람들은 꽤 면역력이 있는 것으로 드러났다. 그 중간에 있는 경제학자들은 분열되었다. 무솔리니Mussolini의 조비네차(역자 주: 무솔리니가 사용한 국가(國歌)) 주제의 재탕한 버전을 우리에게 제공한 후 그는 더욱 '미래의 물결wave of the future'과 같은 파시즘의 낡은 슬로건을 제시하고 있다. 그러나 또 다른 마르크스 경제학의 공헌자인 폴 스위지Mr. Paul M. Sweezy는 이 점에 대하여 동의하지 않는다. 그가 보기에 그 자신처럼 '부르주아 사상의 결함'으로 얼룩진 케인스는 인류의 구원자가 아니라, 단지 영국인들이 마음속에 순수 마르크스주의를 받아들이게 하고 영국을 사상적으로 완전히 사회주의에 흠뻑 취하도록 하는 역사적 임무를 가진 선봉자일 뿐이었다.

IV

케인스 경의 추종자들은 자신들의 우상이 행한 방법을 모방하며 빈정거리는 말투를 사용하고 상대방에 대해 의혹을 갖도록 만들기 위해 여러 가지 해석이 가능한 모호한 용어를 사용한다. 실은 많은 사람들이 감탄하여 말한 케인스의 '화려한 문체'와 '언어의 달인'은 값싼 수사적 술법이었다.

케인스는 리카도Ricardo가 "신성재판Holy Inquisition이 스페인을 정복한 것처럼 완벽하게 영국을 정복했다"고 말한다. 이것은 아주 악의에 찬 비유다. 그 종교재판은 무장경찰과 사형집행자들의 도움을 받아 스페인인들을 무자비하게 복종시켰다. 영국 지식인들이 리카도의 이론에 찬성하고 옳은 것으로 받아들인 데에는 어떤 강요나 압력도 없었다. 그런데 케인스는 전혀 다른 두 가지를 비유하며 리카도의 가르침의 성공에는 수치스러운 점이 있었고, 그것을 인정하지 않는 사람들은 종교재판의 참혹함과 싸웠던 사람들처럼 영웅적이고 고귀한, 두려움 없는 자유의 수호자라는 것을 간접적으로 암시한다.

케인스의 경구 중 가장 유명한 것은 "죽은 자를 위한 물체인 피라미드 두 개는 한 개보다 두 배 더 좋지만, 런던과 요크 간의 두 개의 철도는 그렇지 않다"이다. 오스카 와일드나 버나드 쇼의 연극에나 나옴직한 이 경구는 분명 땅을 파게 하고 저축한 돈으로 그에 대해 지불하면 '유용한 재화와 서비스의 실질 국민소득이 증가할 것'이라는 명제를 전혀 증명하지 못하고 있다. 그러나 그로 말미암아 상대방은 누가 봐도 명백한 주장에 대해 아무런 대답을 못하거나, 또는 재기 넘치는 재치에 대해 논리적 및 추론적 논법을 사용해야 하는 어색한 입장에 놓이게 된다.

케인스의 기교를 보여주는 또 다른 예는 파리평화회의Paris Peace

Conference에 대한 그의 악의적인 묘사에 있다. 케인스는 클레망소Georges Clemenceau(역자 주: 제1차 세계대전 기간 동안 프랑스 수상 역임, 1841~1929)의 생각에 동의하지 않았다. 그래서 케인스는 클레망소의 복장과 외모를 런던 복장제작자들이 정한 기준에 부합하지 않는다고 장황하게 설명하며 클레망소를 비웃으려고 했다. 클레망소의 부츠가 '두툼한 가죽으로 매우 훌륭하지만 시골풍으로, 희한하게 때로는 끈이 아닌 버클로 앞을 채운다.'는 것과 독일배상금 문제와의 어떤 연관성도 발견하기 어렵다. 전쟁에서 1,500만의 사람들이 죽은 후 세계 최고위 정치인들이 새로운 국제질서와 영원한 평화를 위해 모였는데…… 대영제국의 재정전문가라는 사람이 프랑스 수상이 신은 구두가 촌스런 스타일이라고 조롱했다.

14년 후에 또 다른 국제회의가 열렸다. 케인스는 1919년 때의 하급 고문이 아니라 주요 인물이었다. 이 1933년 런던세계경제회의London World Economic Conference와 관련해 로빈슨Robinson 교수는 "그 아이디어와 조직에 있어 케인스의 공이 컸던 1933년 세계경제회의의 대표들을 위한 코벤트 가든Covent Garden 공연을 세계의 많은 경제학자들은 기억할 것이다"라고 기록했다.

1933년에 애처로울 만큼 무능력했던 정부에서 일하지 않아서 대표단에 끼지 못했고 그리하여 즐거운 발레 공연에 참석하지 않았던 경제학자들은 다른 이유로 런던 회의를 기억할 것이다. 런던 회의는 케인스가 지지한 신중상주의 정책의 국제문제 역사상 가장 커다란 실패였다. 이 1933년의 실패에 비하면 1919년의 파리회의는 대단히 성공적인 회의였던 것 같다. 그렇지만 케인스는 1933년 대표단의 코트, 부츠, 장갑들에 대해서는 어떤 빈정대는 말도 하지 않았다.

4. 돌을 빵으로 만든다는 케인스학파 65

V

비록 케인스가 '낯선, 그리 잘 알려지지 않은 선도자 실비오 게젤'을 선구자로 보았지만, 그 자신의 가르침은 게젤의 가르침과는 상당히 다르다. 케인스가 게젤뿐만 아니라 다른 인플레이션 선동자들로부터 빌려온 것은 그들이 주장하는 내용이 아니라 실제적인 결론과 상대방의 명예를 훼손하는 데 사용한 술책이었다. 이 술책들은 다음과 같다.

① 모든 반대파들, 즉 신용팽창을 만병통치약이라고 여기지 않는 모든 사람들은 전통orthodox이라는 이름으로 한데 묶여버린다. 그들 간에는 아무런 차이가 없다는 것을 시사한다.
② 경제학의 진화는 알프레드 마샬Alfred Marshall에 정점을 이르렀고 그와 함께 끝났다고 가정된다. 현대 주관적 경제학의 연구결과들은 무시된다.
③ 데이비드 흄에서 오늘날까지 이어지는 경제학자들이 분명하게 밝혀온 통화량 변화의 결과에 대한 모든 것이 그저 무시된다. 케인스는 능력도 안 되었겠지만 이러한 가르침을 논리적으로 반박하는 작업을 전혀 하지 않았다.

이 모든 점에서 그 심포지엄의 참가자들은 그들 스승의 기교를 따르고 있다. 그들의 비평은 신중한 경제학자들이 내놓은 이론과는 전혀 유사하지 않은 그들 자신의 환상으로 만든 주의주장을 펴는 것을 목표로 하고 있다. 그들은 모든 경제학자들이 주장해온 신용팽창의 필연적인 결과들을 침묵으로 무시한다. 마치 그들은 경기순환의 화폐이론에 대해 전혀 들어 본 적이 없는 것처럼 보인다.

케인스의 일반이론General Theory이 학계에서 거둔 성공을 정확히 평가하기 위해서는 두 대전 사이의 기간 동안 대학의 경제학에 지배적이었던 상황을 고려해야만 한다.

지난 몇 십 년간 경제학과장으로 자리 잡고 있던 사람들 중에 진정한 경제학자는, 즉 현대 주관적 경제학이 발전시킨 이론에 완전히 정통한 사람은 극히 일부에 불과했다. 현대 경제학자들의 생각뿐만 아니라 오래된 고전적 경제학자의 생각이 교과서와 교실에서 희화화되고 있었다. 그들은 구식, 전통파, 보수주의, 중산계층의, 혹은 월 스트리트 경제학이라고 불렸다. 교사들은 자유무역주의와 불간섭주의 추상적인 교리를 항상 반박해 왔다고 자부했다.

두 학파간의 반목은 노조 문제의 처리에서 실제적으로 어디에 초점을 맞추느냐에 있었다. 전통파라고 폄하되는 경제학자들은 임금을 얻고자 하는 모든 사람들의 임금이 영구적으로 상승할 수 있는 것은 1인당 자본투자량과 노동생산성이 증가하는 경우에만 가능하다고 가르쳤다. 정부의 결정에 의해서건, 혹은 노동조합의 압력에 의해서건 만약 최저임금이 간섭받지 않는 시장에서 결정되는 수준보다 더 높게 정해진다면 영구적인 대량 실업의 결과를 낳는다고 했다.

유행을 선도하는 대학의 거의 모든 교수들은 이 이론을 날카롭게 공격했다. 이 자칭 '비전통파' 공론가들은 지난 2백 년 동안의 경제사에 전례 없는 실질임금과 생활수준의 상승은 노동조합주의와 정부의 친노동 입법 때문이라고 했다. 그들의 견해로는 노동조합주의가 모든 임금소득자와 국가 전체의 진정한 이익에 매우 유익했다. 그들은 무자비한 착취자들의 명백한 부당이익에 대해 정직하지 않게 옹호하는 사람들만이 노조의 폭력 행위에 대해 트집을 잡을 수 있을 것이라고 주장했다. 대중을 위한 정부의 최우선적인 관심사는 노조를 가능한 많이 격려하며, 고용인의 음모를 퇴치하고 임금을 점점 더 높게 책정하는 데 필요한 모든 지원을 해주는 것이어야 한다고 했다.

그러나 정부와 입법부가 노조에게 최저임금을 집행하는 데 필요한 모든 권력을 부여하자마자 '전통파' 경제학자들이 예견한 결과들이 나타났다. 잠재노동력의 상당 부분이 오랜 기간 동안 실업 상태에 놓였다.

'비전통파' 공론가들은 난감해졌다. 그들이 '전통파' 이론에 대항해 내놓은 유일한 주장은 일어난 사실을 불합리하게 해석하며 우기는 것이었다. 그러나 이제 상황은 '추상적인 학파'가 예견한 그대로 전개되었다. '비전통파' 사이에 혼란이 일기 시작했다.

케인스가 『일반이론』을 출판한 것은 바로 이때였다. 당황한 '진보주의자들'에게는 얼마나 큰 위안이었을까! 마침내 그들은 '전통파'의 견해에 대항할 무엇인가를 갖게 되었다. 실업의 원인은 부적합한 노동정책이 아니라, 화폐와 신용제도의 결점 때문이었다. 저축 및 자본축적의 부족과 일반가계의 부채를 더 이상 걱정할 필요가 없다. 오히려 그 반대다. 실업을 제거하는 유일한 방법은 신용팽창과 인플레이션으로 조달된 자금으로 공공지출을 통하여 '유효수요'를 증가시키는 것이었다.

『일반이론』에서 권고한 정책은 정확히 '통화팽창 광신자'들이 오래전에 내놓았던 것이며, 거의 모든 나라들이 1930년대의 공황 때 지지했던 것들이다. 일부 사람들은 케인스의 초기 저서들이 세계의 가장 강력한 정부들을 무분별한 소비, 신용팽창, 인플레이션 주의로 전환시켰던 과정에서 중요한 역할을 했다고 믿는다. 이것은 결론이 필요 없는 사소한 문제일 수 있다. 어쨌든 부인될 수 없는 사실은 정부와 국민들이 이 '케인스식' 즉, 더 정확히 말하면 게젤식의 정책을 시행하는 『일반이론』을 기다리고 있지 않았다는 것이다.

VI

케인스가 1936년에 출판한 『일반이론』은 경제정책의 새로운 시대를 연

것이 아니다. 오히려 한 시대의 종말을 나타냈다. 케인스가 권고한 정책들은 그 당시 이미 그것들의 필연적인 결말이 분명하고 그 지속이 불가능한 시점에 매우 가까웠다. 가장 열광적인 케인스 경제학자들조차 오늘날 영국의 고통은 지나친 저축과 불충분한 지출의 결과라고 말할 엄두를 내지 못한다. 지난 수십 년 동안 크게 미화되었던 '진보주의' 경제정책의 본질은 고소득 계층의 지속적인 증가분을 몰수하고, 그에 따라 조성된 자금을 낭비적인 공공지출에 재원을 대는 데, 그리고 가장 강력한 압력 집단의 구성원에게 보조금을 주는 데 사용하는 것이었다. 그 부당함이 아주 명백함에도 불구하고 '비전통파'의 눈에는 그 모든 정책이 더 많은 평등을 가져 오는 수단으로 정당화되는 것으로 비쳤다. 이제 이 과정은 그 끝에 이르렀다. 현재의 세율과 가격, 이윤, 그리고 이자율을 통제하는 방법들로 인해 그 시스템은 스스로 몰락했다. 연 1천 파운드가 넘는 소득에 대해서 모두 몰수한다고 해도 영국의 재정수입은 눈에 띄게 증가하지 않을 것이다. 가장 편협한 페이비언들조차 이제부터는 공공지출을 위한 자금이 공공지출로부터 이익을 얻을 것으로 기대되는 바로 그 사람들로부터 거두어져야 한다는 것을 깨닫지 않을 수 없을 것이다. 영국은 통화팽창주의의 한계와 지출의 한계에 도달했다.

  이 나라의 상황도 본질적으로 다르지 않다. 임금을 인상하는 케인스의 처방은 더 이상 통하지 않는다. 전례 없는 규모로 시행된 뉴딜정책으로 짧은 시간 동안 이뤄진 신용팽창은 부적절한 노동정책의 결과를 지연시켰다. 이 기간 동안 행정부와 노조 위원장들은 그들이 '서민'을 위해 확보했던 '사회적 이익'을 자랑할 수 있었을 것이다. 그러나 이제 통화량 증가의 피할 수 없는 결과가 나타나고 있다. 물가가 점점 상승하고 있는 것이다. 오늘날 미국에서 벌어지고 있는 일은 케인스주의 최후의 실패다.

  의심할 여지없이 미국의 대중들이 케인스학파의 관념과 구호로부터 멀어져가고 있다. 그 명성이 하락하고 있는 것이다. 몇 해 전만 해도 정치인들은 정부가 조장한 인플레이션이 달러의 구매력에 초래한 변화를 고려하지 않은 채 순진하게 경상국민소득의 크기를 입에 올렸다. 선동가들은 그들이 이루고자 하는 (경상)국민소득의 수준을 명시하였다. 오늘날 이런 식의 사고는 인기가 없다. 마침내 '서민'들은 통화량을 늘리는 것이 미국을 더 부유하게 만들지 않는다는 것을 알게 되었다. 해리스 교수는 루스벨트 행정부가 경상소득을 증가시켰다고 칭찬하고 있다. 그러나 그런 케인스주의의 일관성은 오늘날 교실에서나 찾아 볼 수 있다.

아직도 학생들에게 "경제는 자체 붓스트랩으로 성장할 수 있다.", "우리는 지출을 늘려 번영할 수 있다"고 가르치는 교사들도 있다.[20] 그러나 케인스주의의 기적은 실현되지 못하고, 돌이 빵으로 변하지 않는다. 해리스 교수가 편집한 책에 협력한 학식 높은 저자들의 찬사는 단지 "케인스는 그 경제학에 대한 신앙에 가까운 열정을 그의 제자들에게 불러일으켰다. 그 열정은 새로운 경제학의 보급에 효과적으로 이용될 수 있었다."는 편집자의 서문을 확인해줄 뿐이다. 또 해리스 교수는 "케인스는 정말로 계시를 받았다"고 말했다.

'신앙에 가까운 열정'에 가득차서 그들의 스승이 '계시를 받았다'고 믿고 있는 사람들과는 논쟁할 필요가 없다. 인플레이션주의자들의 정책들, 즉 존 로John Law(역자 주: 프랑스 재정 장관을 지내면서 과다한 통화발행으로 미시시피버블을 일으킨 장본인, 1671~1729)에서 메이저 더글러스Major C. H. Douglass(역자 주: 사회신용을 제창한 영국의 공학자, 1879~1952)까지의 수많은 전임자들과 다를 바 없는 케인스와 게젤의 정책들을 하나하나 신중히 분석하는 것이 경제학의 임무이다. 그렇지만 지출과 신용팽창을 통한 구원을 믿는 사람들의 거의 신앙에 가까운 열정을 흔들 수 있는 어떤 논리적 주장이나 경험이 있을 것으로 기대해서는 안 된다.

5

케인스와 세이의 법칙[21]

I

케인스경의 공헌은 새로운 이론의 개발이 아니라, 그가 자신의 '일반이론' 서문의 끝부분에서 밝힌 것처럼 '오래된 이론에서 탈피 하는 데'에 있다. 케인지언들은 그의 불멸의 업적이 세이의 시장법칙Say's Law of Markets이라는 것을 전면적으로 반박한 데 있다고 말한다. 그들은 이 법칙을 기각하는 것이 모든 케인스의 가르침의 요체라고 말한다. 그 외의 다른 명제들은 이 기본적 사고에다 논리적 필연을 덧붙인 것이다. 그러므로 세이의 법칙에 대한 그의 공격이 무용지물이라는 것이 입증되면 그것들은 붕괴되어야만 한다.[22]

이제 세이의 법칙이라고 불리는 것은 먼저 경제학이 인간 지식 분야의 하나로 발전하기 이전 시대에 일반적으로 통용되던 이론에 대한 반박으로 생겨난 것임을 이해하는 것이 중요하다. 그것은 고전파 경제학자Classical Economists들이 가르친 새로운 경제학의 필수직인 부분이 아니있다. 그것은 오히려 서두였다. 즉 사람들의 마음을 흐리게 하고 합리적인 상황분석에 심각한 장애물이었던, 성립할 수 없고 왜곡된 생각을 노출해 제거하는 것이었다.

경기가 나빠질 때마다 일반 상인들은 두 가지 구실을 댄다. 하나는 통화가 부족하기 때문이고 다른 하나는 전반적인 과잉생산 때문이라고 한다. 애덤 스미스는 유명한 『국부론』에서 이 신화의 첫 번째 것을 타파했다. 세이 자신은 주로 두 번째 것을 철저하게 반박하는 데 몰두했다.

어떤 특정한 것이 아직 '공짜재'가 아닌 경제재인 한, 물론 그 공급은 절대적으로 풍부하지 않다. 관련 재화의 공급이 더 증가하더라도 여전히 충족되지 못하는 욕구가 있다. 이 재화를 실제로 얻는 것보다 더 많이 얻으면 기뻐할 사람들은 여전히 있다. 경제재에 있어서 결코 절대적 과잉생산이란 있을 수 없다(경제학은 경제재만을 다루지 공짜재는 다루지 않는다. 공짜재는 의식적 인간행동의 목적이 아닌, 그러므로 생산되지 않는, 그리하여 과소생산이나 과잉생산과 같은 용어의 사용이 한마디로 무의미한 공기와 같은 것이다).

경제재에 있어서는 상대적 과잉 생산만이 있을 수 있다. 소비자들은 일정 양의 셔츠와 구두를 요구하는데, 사업체는 예를 들어 구두는 더 많이 생산하고 셔츠는 덜 생산했다고 치자. 이것은 모든 상품의 전반적인 과잉 생산은 아니다. 구두의 과잉 생산은 셔츠의 과소 생산과 상쇄된다. 따라서 그 결과가 모든 사업 부문의 전반적인 불황일 수는 없다. 결과는 구두와 셔츠 간의 교환비율의 변화이다. 예를 들어 만약 구두 한 켤레로 셔츠 네 장을 살 수 있었다면, 이제 겨우 세 장만 살 수 있다는 것이다. 경기가 구두 만드는 사람에게는 나쁘지만, 셔츠 만드는 사람에게는 좋다. 그러므로 단정적으로 전반적인 과잉생산이라고 주장함으로써 전반적인 경기 불황을 설명하려는 시도는 잘못된 것이다.

세이는 궁극적으로 상품은 화폐로 지불되는 것이 아니라 다른 상품으로 지불된다고 말한다. 화폐는 단지 일반적으로 통용되는 교환의 매개체일 뿐이다. 그것은 중개역할만을 한다. 상품을 판 사람이 궁극적으로 교환하기를 원하는 것은 다른 상품이다. 따라서 생산된 모든 상품은 생산된 다른 상품에 대한 가격이다. 어떤 상품이든지 그것을 생산하는 사람의 상황은 다른 상품의 생산이 증가하면 좋아진다. 특정 상품을 생산하는 사람의 이익을 해칠 수 있는 것은 그가 시장의 상태를 정확하게 예측하지 못한 경우다. 그가 자기상품에 대한 일반의 수요를 과다 추정하고 다른 상품에 대한 수요는 과소 추정한 경우다. 소비자들은 그런 실수를 하는 기업가를 용납하지 않는다. 소비자들은 기업가에게 손실을 야기하는 가격에만 그의 제품을 구입하고, 그가 제때에 실수를 시정하지 않는다면 그는 파산하게 된다. 반면에 대중의 수요를 예측하는 데 성공한 기업가들은 이윤을 얻고 그들의 사업 활동을 확장하는 위치에 있게 된다. 세이는 이것이 바로 가장 큰 어려움이 생산에 있는 것이 아니라 판매에 있다는 기업인들의 혼란스러운 주장 뒤에 감춰진 진실이라고 말한다. 사업에 있어 첫 번째로 중요한 문제는 아직 충족되지 않은 대중의 가장 긴급한 욕구를 충족시킬 상품을 가장 저렴하게 최선의 방법으로 생산하는 것이라고 말하는 것이 더 적절할 것이다.

그리하여 스미스와 세이는 비효율적인 상인들의 통속적인 푸념에서 나오는 경기순환에 관한 가장 오래되고 순진무구한 설명을 뒤집었다. 실로 그들의 성취는 그야말로 부정의 견해였다. 그들은 불경기가 반복되는 것은 화폐량의 부족과 전반적인 과잉생산 때문이라는 믿음을 타파했다. 그러나 그들은 경기순환에 관한 정교한 이론을 제시하지는 않았다. 이 현상에 대한 첫 번째 설명은 한참 후에 영국 통화학파British Currency School가 했다.

스미스와 세이의 중요한 공헌들이 완전히 새롭고 독창적인 것은 아니다. 경제학사의 역사를 거슬러 올라가면 그들이 설명한 핵심들은 더 이전의 저자에게서 찾을 수 있다. 그렇다고 이 점 때문에 스미스와 세이의 공헌이 결코 손상되지는 않는다. 그들은 이 문제를 체계적으로 다루고, 그들의 결론을 경기침체에 적용시킨 최초의 인물들이다. 그러므로 그들은 그럴듯한 대중적 이론의 신봉자들이 격렬하게 공격하는 데 맞선 최초의 사람들이기도

하다. 시스몽디Sismondi와 맬서스Malthus는 신빙성 없는 대중적 편견을 되살리려고 헛된 노력을 했다. 그때 그들이 격렬한 공세의 대상으로 선택한 것은 세이였다.

II

세이는 맬더스와 시스몽디와의 논쟁에서 승자로 부상했다. 상대방들은 자신들의 주장을 증명하지 못했지만 세이는 증명했다. 그 후 19세기 내내 세이의 법칙에 들어 있는 진실을 받아들이는 것이 경제학자를 나타내는 표시였다. 단정적으로 통화의 부족이 모든 병폐의 원인이고 인플레이션이 만병통치약이라고 주장하는 저자들과 정치인들은 더 이상 경제학자로 간주되지 않고 '통화팽창 광신자'라고 불렸다.

건전한 화폐의 주창자들과 인플레이션주의자간의 싸움은 몇 십 년간 계속 되었다. 그러나 그것은 더 이상 여러 경제학파간의 논란거리가 아니었다. 그것은 경제학자와 비경제학자간의, 합리적인 사람과 무지한 열성분자 간의 갈등으로 여겨졌다. 모든 문명국가에서 금본위제나 금환본위제가 채택되었을 때, 인플레이션의 원인은 영원히 없어지는 것 같았다.

경제학은 관련 문제에 관해 스미스와 세이가 가르쳐 준 것에 자족하지 않았다. 인플레이션주의자의 터무니없는 궤변을 간파해 설득력 있게 보여주는 통합된 이론체계의 경제학이 나왔다. 그것은 통화량 증가와 신용팽창의 필연적인 결과를 상세히 설명하였다. 경기순환의 화폐 및 신용 이론을 정교화 하여 신용팽창을 통해 경기를 "진작시키려는" 시도를 되풀이하는 경우에 경기침체가 어떻게 되풀이되는지를 분명하게 설명하였다. 그리하여 불황은 인플레이션주의자들이 탓하는 통화 공급의 부족현상이 아닌 오히려 그 반대로 신용팽창을 통해 그들이 단정하는 통화부족을 제거하려는 시도의 필연적인 결과라는 것을 확실하게 증명하였다.

경제학자들은 신용팽창이 초기단계에서는 붐을 일으킨다는 사실에 이의를 제기하지 않았다. 그러나 그들은 시간이 지나면 그러한 인위적인 붐이 필연적으로 붕괴되고 어떻게 전반적인 불황을 야기하는지를 지적했다. 이러한 설명은 영속적인 국가안녕을 도모하려는 정치가에게는 어필할 수 있었을 것이다. 당장의 선거유세에서 승리하는 데에만 관심이 있고 내일 이후 일어날 일에 대해서 조금도 신경 쓰지 않는 선동가들에게는 아무런 영향을 미칠 수 없었을 것이다. 그런데 전쟁과 변혁의 이 시대의 정치 인생에서 최고의 자리에 앉게 된 사람들은 바로 그런 사람들이다. 경제학자들의 모든 가르침을 무시하고 인플레이션주의와 신용팽창이 경제정책의 제1원칙의 위치로 올라섰다. 거의 모든 정부가 현재 무분별한 지출에 매달리고, 그 적자를 메우기 위해 상환할 수 없는 지폐를 추가로 발행하고 끝없이 신용을 팽창시키고 있다.

위대한 경제학자들은 새로운 아이디어의 선구자들이었다. 그들이 제안한 경제정책은 당대의 정부나 정당이 시행하고 있는 정책과는 차이가 있었다. 일반적으로 경제학자들이 전파한 새로운 사고가 여론에 받아들여지고 그에 상응하는 변화가 있기까지는 몇 년, 혹은 몇 십 년이 걸렸다.

그것은 케인스 경이 말한 '신경제학'과는 달랐다. 케인스가 주창한 정책은 영국을 포함한 거의 모든 정부에서 그의 『일반이론』이 출판되기 훨씬 전부터 시행해오고 있던 바로 그런 정책들이었다. 케인스는 혁신자도, 경제문제를 다루는 새로운 방법의 챔피언도 아니었다. 그의 공헌은 오히려 모든 경제학자들이 불안하게 여김에도 불구하고 권력을 쥐고 있는 이들에게 인기 있었던 정책들에 대한 분명한 명분을 제시한 데 있었다. 그의 업적은 이미 시행된 정책들을 합리화시킨 점이었다. 그의 추종자들의 일부가 케인스를 '혁명가'라고 불렀지만, 그는 '혁명가'가 아니었다. '케인스 혁명'은 케인스가 그것을 채택하고 사이비 과학적 명분을 만들어내기 훨씬 이전에 일어났다. 그가 실제로 한 것은 정부에서 시행하고 있는 정책에 대한 변명을 쓴 것이었다.

이것이 그의 책이 그렇게 빨리 성공한 이유이다. 정부와 집권당의 열렬한 환영을 받았다. 특히 좋아서 어쩔 줄 몰랐던 사람들은 '관변경제학자'라는 새로운 형태의 지식인들이었다. 그들은 양심의 가책을 느끼고 있었다. 그들은 모든 경제학자들이 소용이 없고 재앙이라고 비난한 정책을 수행하고 있다는 사실을 알고 있었다. 이제 그들은 안도하게 되었다. '신경제학'은 그들의 도덕적 평정심을 회복시켜주었다. 오늘날 그들은 더 이상 나쁜 정책의 하수인이라고 부끄러워하지 않는다. 그들은 명예롭게 여긴다. 새로운 신조를 퍼뜨리는 사람들이 그들이다.

III

케인스의 추종자들이 그의 연구에 붙여준 열광적인 형용사들도 케인스가 세이의 법칙을 논박하지 못했다는 사실을 감출 수는 없다. 케인스는 감정적으로 거부했지만 세이의 법칙의 원리를 무너뜨릴 조리 있는 반론을 단 하나도 제기하지 못했다.

케인스는 현대 경제학의 가르침을 추론적인 논법으로 논박하려고 하지도 않았다. 그는 무시하는 것을 선택했고 그게 다였다. 그는 통화량을 증가시키면 한 집단을 희생시켜 다른 집단에게 이롭게 하면서, 다른 한편에서는 자본의 악성투자와 자본잠식을 가져오는 것 외에 아무 효과도 없다는 원리를 진지하게 비판하는 어떠한 논쟁도 하지 않았다. 경기순환의 화폐적 이론을 무너뜨리기 위한 정상적인 논쟁을 할 계제가 되면 그는 완전히 어찌할 바를 몰랐다. 그가 한 일이라곤 여러 형태의 인플레이션주의의 자가당착적인 도그마를 재연하는 것뿐이었다. 옛 버밍햄학파Birmingham School of Little Shilling Men로부터 실비오 게젤에 이르는 그의 선배들이 남긴 무의미한 추측에다 그가 더 추가한 것이라곤 아무것도 없었다. 그는 수백 번 논박당한 그들의 궤변을 단지 수리경제학의 모호한 언어로 바꾸어놓았을 뿐이다. 그는 인플레이션주의자의 확산에 반대하는 제본스Jevons, 왈라스Walras, 빅셀Wickesll (소수만 언급한 것임) 같은 이들의 모든 비난을 침묵으로 일관하였다.

이 점은 그의 후계자들도 마찬가지였다. 그들은 탄탄한 경제학적 추론 대신에 '케인스의 천재성에 감동받지 못한 사람들'을 '머리가 둔하다'거나 '속이 좁은 광신자'라고 하였다.[23] 그들은 상대방을 '전통파'나 '신고전주의'라고 치부함으로써 자신들의 주장을 증명했다고 믿었다. 그들은 자신들의 주장이 새로운 것이므로 옳다는 극도의 무지함을 드러냈다.

실제로 인플레이션주의는 모든 오류 중에서 가장 오래된 것이다. 그것은 스미스, 세이, 리카도의 시대 훨씬 이전에 만연했었다. 케인지안들은 그들이 고루한 사람들이라고 말하는 것 외에 그들의 가르침에 대해 다른 어떤 이의도 제기하지 못한다.

IV

전례 없는 케인스주의의 성공은 현대 정부의 '적자지출' 정책에 대한 확실한 정당성을 제공해주었다는 사실에 기인한다. 그것은 이전 세대들이 축적한 자본을 낭비하는 것 말고는 생각할 수 있는 것이 없는 사람들의 사이비 철학이다.

그러나 학자들이 아무리 멋지고 세련되게 표현해도 영속적인 경제법칙을 바꿀 수는 없다. 경제법칙은 그대로 존재하고 작동하고, 또 스스로 알아서 진행된다. 정부 대변자들의 열정적인 비난에도 불구하고 '전통파' 경제학자들이 지적했던 인플레이션주의와 팽창주의의 필연적인 결과들이 일어나고 있다. 그러면 뒤늦게 일반인들도 케인스가 우리에게 '돌멩이를 빵으로 만드는 기적'[24]을 수행할 방법을 가르쳐 주었던 것이 아니라, 씨 옥수수를 먹어버리는 전혀 기적적이지 않은 방법을 가르쳐주었던 것임을 알게 될 것이다.

6

인플레이션과 가격통제[25)]

가격 통제는 무익하다

사회주의 하에서 생산은 완전히 생산관리 중앙위원회의 지시로 이루어진다. 국가 전체가 '산업군대industrial army'(칼 마르크스가 「공산당 선언」에서 사용한 용어)이며, 시민 개개인은 자기보다 높은 사람의 명령에 복종하도록 되어 있다. 모든 사람은 정부가 채택한 전반적인 계획을 실행하는 데 자기에게 할당된 몫을 해야 한다.

자유경제에서는 사람들에게 무엇을 해야 한다고 말하는 생산의 독재자는 없다. 시민 각자는 스스로 계획하고 행동한다. 시장조정과 그것이 생성하는 가격 구조를 통해서 다양한 개인행동이 조정되고, 소비자가 원하는 재화와 서비스를 공급하는 조화로운 시스템으로 통합되어 간다.

시장이 자본주의 경제를 움직인다. 그것은 동료들의 욕구를 가장 잘 만족시켜 주는 방향으로 개개인의 행동을 유도한다. 시장만이 생산수단의 사적 소유권과 자유기업이라는 전체 사회제도의 질서를 유지시키고 거기에 의미와 가치를 부여한다.

시장의 작동에는 무의식적이거나 불가사의한 것은 없다. 끊임없이 변하는 시장의 상태를 결정하는 유일한 힘은 개개인들의 가치판단과 이 가치판단에 따른 행동이다. 시장의 궁극적인 요인은 최상의 방법으로 자신의 필요와 욕구를 충족시키기 위한 각자의 노력이다. 시장의 주권은 소비자의 주권과 동일하다. 구매와 불매행위를 통해 소비자들은 가격구조를 결정할 뿐만 아니라 무엇이 생산되어야 하고, 그 양과 질, 그리고 누구에 의해서 생산되어야 하는지를 결정한다. 그들은 각 기업가의 이윤과 손실을 결정하고, 그리하여 누가 자본을 소유하고 공장을 경영해야 하는지를 결정한다. 그들은 가난한 사람을 부자로, 부자를 가난하게 만들기도 한다. 이윤제도는 기본적으로 사용을 위한 생산이다. 이윤은 소비자들이 사용하고자하는 상품을 가장 좋고 가장 저렴한 방법으로 공급하는 데 성공해야만 얻어질 수 있기 때문이다.

여기서 정부가 시장 가격구조를 조작하는 것이 무엇을 의미하는지가 분명해진다. 그것은 생산을 소비자가 원하는 것으로부터 다른 쪽으로 향하게 한다. 정부의 간섭에 따라 조작되지 않는 시장에서는 실제 가격이 생산비용을 넘지 못하여 수지가 맞지 않는 지점에 이를 때까지 생산이 증대되는 경향이 있다. 만약 정부가 어떤 상품에 대한 최고 가격을 간섭받지 않는 시장에서 결정되는 것보다 낮게 고정시키고 잠재 시장가격에서 판매하는 것을 불법화한다면, 한계생산자에게 생산은 손실을 야기한다. 가장 높은 비용으로 생산하는 사람들은 그 사업을 정리하고 그 생산설비를 가격상한제를 받지 않는 다른 상품을 생산하는 데 사용한다. 정부가 상품의 가격에 간섭하는 것은 소비할 수 있는 공급을 제한한다. 이 결과는 가격상한제를 추진하였던 의도와는 정반대다. 정부는 사람들이 해당 상품을 손쉽게 입수할 수 있도록 해주고자 했다. 그러나 정부의 간섭은 판매를 위해 생산되고 제공되는 공급을 줄이는 결과를 초래한다.

만약 이러한 불쾌한 경험에서 당국이 가격통제가 무의미하다는 것과 가장 좋은 정책은 가격을 통제하려는 어떠한 노력도 하지 않는 것이라는 것을 배우지 못한다면, 첫 번째 가격통제에 덧붙여 다른 여러 가지 소비재의 가격을 추가로 더욱더 제한하게 된다. 통제를 받은 소비재의 생산에 필요한 생산요소의 가격을 제한하는 것이 필요하게 되는 것이다. 그리고 나면 동일한 과정이 또 다른 국면에서 되풀이된다. 가격이 제한된 생산요소의 공급이 줄어드는 것이다. 그러면 정부는 다시 가격상한제의 범위를 확대해야 한다. 정부는 제1 생산 요소의 생산에 필요한 제2 생산요소의 가격을 제한해야만 한다. 그래서 정부는 점점 제한을 확대하게 된다. 정부는 모든 소비재와 노동력, 원자재를 포함한 모든 생산요소의 가격을 제한해야만 하고, 이 가격과 임금으로 생산을 계속하도록 모든 기업가와 노동자들을 강제해야만 한다. 전면적인 가격과 임금을 제한하는 이러한 통제와 생산을 계속하라는 이러한 명령에서 제외될 수 있는 생산 분야는 없다. 만약 어떤 분야가 제외된다면, 자본과 노동이 그쪽으로 몰리고 그에 따라 정부가 가격을 제한한 상품들의 공급은 줄어드는 결과가 초래된다. 그런데 바로 이 상품들이 정부가 대중의 필요를 만족시키는 데 특별히 중요하다고 생각한 것들이다.

그러나 그렇게 경제의 전면적 통제가 이루어질 때면, 시장경제는 사회주의의 중앙계획으로 대체된다. 이제는 소비자가 아니라 정부가 무엇을 얼마나 어떻게 생산할지를 결정하게 된다. 기업가들은 더 이상 기업가들이 아니다. 그들은 상점의 관리인, 혹은 나치가 말하는 지배인Betriedbsfuhrer으로 지위가 떨어지고, 정부의 생산관리 중앙 위원회에서 발급한 명령에 복종해야만 한다. 노동자들은 당국이 지정해준 공장에서 일해야 하며, 임금은 당국이 정한 법령에 따라 결정된다. 정부가 최고의 위치에 있다. 정부가 각 시민의 소득과 생활수준을 결정한다. 이것은 전체주의이다.

가격통제가 일부의 상품에만 국한된다면 그것의 목적에 반하게 된다. 그것은 시장경제 안에서는 성공할 수 없다. 그것을 성공 시키려는 노력은 가격통제를 받는 상품의 범위를 확대해야만 한다. 결국 모든 상품과 서비스의 가격이 당국의 결정으로 규제되고 시장은 작동하지 않게 된다.

생산은 대중의 구매와 불매에 따라 시장에서 정해지는 가격에 의해서 이루어지던가, 정부의 명령에 의해서 이루어질 수 있다. 제3의 방법이란 없다. 정부가 물가의 일부를 통제하는 것은 예외 없이 모든 사람들이 불합리하고 의도와 상반되는 것으로 간주하는 상태를 초래할 뿐이다. 그것의 필연적인 결과는 혼란과 사회불안이다.

실패할 수밖에 없는 가격통제

독일의 경험은 가격통제가 가능하며 가격통제로 정부가 추구하는 목표를 달성할 수 있다는 것을 증명해주었다고 거듭 주장되어 왔다. 이보다 잘못된 주장은 없다.

제1차 세계대전이 일어났을 때 독일정부는 즉각적으로 인플레이션 정책을 채택했다. 동시에 인플레이션의 필연적인 결과인 전반적인 물가상승을 막기 위해서 가격통제를 실시하였다. 그 유명한 독일경찰의 효율성 때문에 가격상한제는 다소 성공했다. 암시장이 없었다. 그러나 가격통제를 받는 상품들의 공급이 급격히 감소했다. 가격은 오르지 않았다. 그러나 사람들은 더 이상 먹거리, 옷, 신발을 구매할 수 있는 처지에 있지 않았다. 배급제는 실패했다. 정부가 개인에게 할당되는 배급을 점점 더 줄였지만, 배급카드에 적힌 양을 다 받을 만큼 운 좋은 사람은 극소수에 불과했다. 가격통제제도를 성공시키려는 열망에서 당국은 점차 가격통제 대상의 상품들을 늘려갔다. 한 분야 한 분야가 차례로 중앙집권제로 되어갔으며, 정부 통제위원회의 관리 하에 들어갔다. 정부는 모든 주요 생산 분야에 대한 통제권을 완전히 장악하였다. 그러나 아직 자유로운 산업분야가 있는 한 이것조차도 불충분했다. 그래서 정부는 그 범위를 더 넓혀가기로 했다. 전면적인 총생산계획을 목표로 하는 힌덴부르크 계획을 세웠다. 그 계획은 모든 상업 활동의 관리감독을 당국에 위임하는 것이었다. 만약 힌덴부르크 계획이 집행되었다면 독일은 그야말로 전체주의 국가가 되었을 것이다. 그것은 독일을 사유재산제도는 공식적 및 법적인 의미로만 존재하고 실상은 공동소유만이 있는 국가로 만드는, '독일' 사회주의의 투사 오트마 스판Othmar Spann(역자 주: 오스트리아 철학자, 1878-1950)의 이상을 실현시켰을 것이다.

그러나 독일 제국이 붕괴하면서 힌덴부르크 계획은 완전하게 실행되지 못했다. 제국적인 관료주의의 붕괴는 가격통제 및 전쟁사회주의자의 모든 기구를 일소했다. 그러나 민족주의 저자들은 강제경제인 통제경제의 장점을 계속 찬양했다. 그들은 그것이 독일같이 현저하게 산업화된 국가에서 사회주의 실현을 위한 가장 완벽한 방법이었다고 말했다. 1931년에 브뤼닝Bruning 수상이 힌덴부르크 계획의 핵심 조항을 다시 채택했을 때, 그리고 나중에 나치가 극악무도하게 이 계획을 시행했을 때, 그들은 환호했다.

외국의 추종자들이 주장한 것처럼 나치는 시장경제 내에서 가격 통제를 시행하지 않았다. 그들에게 있어서 가격통제는 전면적인 중앙계획 제도의 틀 안에 있는 하나의 장치일 뿐이었다. 나치경제에는 개인주도권과 자유기업이라는 것은 생각해볼 여지도 없었다. 모든 생산 활동은 국가경제부Reichswirtschaftsministerium가 지시했다. 어떤 기업도 정부가 지시한 명령에서 벗어나 자유롭게 생산 활동을 할 수 없었다. 가격 통제는 모든 상업 활동의 세세한 부분까지 규제하면서 한편으로는 개인의 과업, 다른 한편으로는 개인의 수입과 생활수준을 구체적으로 지정하는 복잡한 법과 명령에 있는 하나의 장치일 뿐이었다.

나치가 공개적으로 기업가와 자본가로부터 몰수하지 않았고 볼셰비키들이 소련통치의 첫해에 채택하고는 나중에 버렸던 소득평등 원칙을 수용하지 않았다는 사실 때문에 많은 사람들이 나치경제의 본질을 이해하는 데 어려움이 있다. 게다가 나치는 유산계급을 전혀 통제하지 않았다. 유대인

이 아니거나 자유주의자나 평화주의자의 성향을 가진 것으로 의심받지 않는 기업가들은 그들의 경제적 지위를 유지했다. 그러나 그들도 결국은 그들의 윗선인 독일 제국의 관료들과 나치당의 명령을 무조건 따라야 하는 샐러리맨 공무원에 지나지 않았다. 자본가들은 (급격하게 줄어든) 배당금을 받았다. 그러나 그들은 다른 시민들과 마찬가지로 당이 그들의 지위와 서열상 적합하다고 간주하는 소득 이상으로 자유롭게 쓸 수 없었다. 그 나머지는 정확히 경제부처Ministry of Economic Affairs의 명령에 따라 투자해야 했다.

나치독일의 경험은 가격통제가 완전히 사회주의화되지 않은 경제에서도 실패할 수밖에 없다는 사실을 입증한 것이다. 개인의 주도권과 자유기업 제도를 유지하는 것을 목표로 하는 척 가장한 가격통제 지지자들은 아주 잘못 생각하고 있다. 실제로 그들이 하는 일은 이 제도의 조정장치의 작동을 마비시키는 것이다. 필수적인 부분을 파괴하고 제도를 유지할 수는 없다. 이는 그 제도를 죽이는 일이다.

이름도 없는 악과 싸우는 것은 불가능하다

인플레이션은 통화량이 크게 계속 증가하는 것을 말한다. 유럽대륙에서 인플레이션의 주요 수단은 법적 불환지폐의 발행이다. 이 나라에서 인플레이션은 주로 상업은행으로부터 정부차입으로 이루어지며, 또한 다양한 종류의 지폐와 동전의 양의 증가로 이루어진다. 정부는 인플레이션으로 적자지출을 충당한다.

인플레이션은 전반적인 물가상승을 초래한다. 주머니에 현금이 더 들어오게 되면 사람들은 재화와 서비스에 대한 수요를 늘리는 상황에 이른다. 다른 요인이 일정할 때 수요가 증가하면 가격이 올라간다. 어떤 궤변과 어떤 논법으로도 인플레이션으로 인한 이 필연적인 결과를 마법을 부리듯 사라지게 할 수 없다.

우리 시대의 특성 중 하나인 어의적 변혁으로 이 사실이 모호하고 혼란스러워졌다. 인플레이션이란 용어가 새로운 의미로 사용되고 있는 것이다. 오늘날 사람들이 인플레이션이라고 부르는 것은 인플레이션, 즉 통화량의 증가가 아니라 인플레이션의 필연적인 결과인 상품 가격과 임금의 일반적인 상승을 말한다. 이 어의적 혁신은 해가 없는 것이 아니다.

무엇보다도 과거에 인플레이션이 의미했던 바를 의미할 만한 용어가 더 이상 존재하지 않는다. 이름도 없는 악과 싸우는 것은 불가능하다. 의원들과 정치인들은 그들이 반대하는 금융정책을 설명하고자 할 때 대중이 이해하고 받아들일 용어를 사용할 기회를 잃었다. 그들은 그것을 언급하려고 할 때마다 세부적인 분석과 그 정책의 전 항목, 또 세세한 사항에 관한 설명을 해야만 하고, 이 문제를 다루는 모든 문장마다 이 귀찮은 과정을 반복해야만 한다. 통화량을 증가시키는 정책을 명명할 수 없기 때문에 그것을 장황하게 설명하게 된다.

두 번째 오류는 인플레이션의 필연적 결과, 즉 물가상승을 퇴치하려는 무익하고 희망 없는 시도를 하는 사람들이 자신들의 노력을 인플레이션에 대항한 싸움인 척 가장하는 것이다. 증상과 싸우면서 악의 근원과 싸우는 척한다. 그리고 그들은 통화량 증가 및 신용팽창과 물가상승 간의 원인관계를 이해하지 못하기 때문에 실질적으로 사태를 더욱 악화시킨다.

가장 좋은 예는 보조금이다. 이미 지적했듯이 가격상한제는 한계생산자의 생산에 손실을 일으키기 때문에 공급을 감소시킨다. 이런 상황을 방지하기 위하여 정부는 흔히 가장 높은 비용을 들여 운영 하는 농부에게 보조금을 준다. 이 보조금을 조달하기 위해 신용확대를 늘린다. 그러므로 이는 인플레이션 압력을 더 가중시키게 된다. 만약 소비자들이 당해 상품에 더 높은 가격을 지불하였다면 인플레이션 효과는 일어나지 않았을 것이다. 그러한 지불을 위해 소비자들은 기존에 유통되고 있던 화폐만을 사용해야 했을 것이다. 그러므로 굉장한 아이디어인 것처럼 알려진 보조금을 이용한 인플레이션 퇴치책은 사실상 더 심한 인플레이션을 야기한다.

진짜 위험은 미신에 있다

오늘날 금본위제도 하에서 금 생산이 크게 증가함으로써 발생할 수 있는 비교적 경미하고 무해한 인플레이션에 대해서는 논의를 할 필요가 없다. 세계가 직시해야 할 문제는 천정부지의 인플레이션이다. 그런 인플레이션은 항상 의도적인 정부정책의 결과물이다. 정부는 지출을 제한하려 하지 않는 한편, 징세나 공공차입으로 예산의 균형을 맞추려고도 하지 않는다. 정부가 심각한 악이라고 생각하지 않기 때문에 인플레이션을 선택한다. 정부는 계속해서 신용을 팽창하고 통화량을 증가시키는데, 이는 그런 정책의 필연적인 결과가 무엇인지를 모르기 때문이다.

미국에서 이미 진행된 인플레이션 정도에 관해 지나치게 경계할 필요는 없다. 비록 그것이 이미 많이 진행되고 나쁜 결과도 많이 나타났지만, 복구할 수 없을 만큼의 재앙을 일으키지는 않았다. 미국은 아직도 자금조달 방법을 바꿀 수 있고 바람직한 통화정책으로 돌아갈 여지가 있음은 의심할 여지가 없다.

진짜 위험은 이미 일어난 일에 있는 것이 아니고, 이 일들이 야기된 사이비 이론에 있다. 정부의 가격통제로 인플레이션의 냉혹한 결과를 피할 수 있다는 미신이 가장 큰 위험이다. 왜냐하면 이런 이론은 사람들의 관심을 문제의 핵심에서 딴 데로 돌리기 때문이다. 당국자들이 수반되는 현상들과 쓸데없는 싸움을 벌이고 있는 동안 악의 근원, 즉 엄청난 지출을 조달하는 재무부의 방법을 공격하는 사람은 극소수에 불과하다. 재무부의 움직임은 신문에 대서특필되는 반면, 국가의 통화량 증가와 관련된 통계치는 신문 금융면의 눈에 띄지 않는 곳으로 밀려나 있다.

여기서 경고로써 독일의 예를 다시 거론할 수 있다. 1923년에 마르크의 구매력을 전쟁 전의 10억분의 1로 떨어뜨린 엄청난 독일의 인플레이션은 결코 신의 장난이 아니었다. 정부은행Reichsbank의 인쇄기에 의존하지 않고도 독일의 전후 예산이 균형을 이루는 것은 가능했을 것이다. 구 정부은행의 붕괴로 정부가 어쩔 수 없이 인플레이션 정책을 버리자 독일정부의 예산이 쉽게 균형을 이루었다는 것이 그 증거다. 그러나 이런 일이 일어나기 전에 독일의 자칭 전문가들은 모두 상품 가격, 임금, 환율의 상승이 정부의 무분별한 지출 방식과는 아무런 관계가 없다고 완강히 부인했다. 그들의 눈에는 오직 폭리를 취하는 것만으로 보였다. 그들은 가격통제를 철저하게 강행하는 것이 최상이라고 주장하고, 자금조달 방법의 변화를 권고하는 사람들을 '디플레이션주의자deflationist'라고 불렀다.

　독일 민족주의자들은 역사상 가장 엄청났던 두 전쟁에서 패배했다. 그러나 독일을 사악한 침략자로 몰았던 경제적 오류는 불행히도 살아남아 있다. 렉시스Lexis와 크냅Knapp 같은 독일 교수들이 개발하고 정부은행의 총재인 하벤스타인Havenstein이 시행해 위태로운 엄청난 인플레이션 시기를 야기했던 화폐에 관한 오류들이 오늘날 프랑스와 다른 유럽 국가들의 공식적인 학설이 되었다. 이런 터무니없는 것을 미국에서 수입할 필요는 없다.

7

연금문제의 경제적 측면[26]

누가 부담할까?

　법이나 노조의 압력으로 고용주가 직원들의 혜택을 위한 추가지출을 부담할 때마다 사람들은 '사회적 이득'을 언급한다. 이것이 의미하는 바는 그러한 혜택이 종업원들에게 봉급이나 임금 외의 은혜를 베푸는 것이고, 그런 법이나 계약상의 조항이 없었다면 종업원들이 받을 수 없었던 보조금을 받는 것이라는 생각이다. 즉 노동자들이 공짜로 무언가를 얻는다는 것이 가정되어 있다.

　이 견해는 완전히 잘못되었다. 고용주가 추가 인력을 고용하거나 이미 고용된 사람들을 해고할 때 고려하는 것은 항상 그들이 제공하거나 제공할 서비스의 가치이다. 고용주는 자문한다. 이 사람을 고용하면 생산에 얼마나 보탬이 될까? 그를 고용함으로써 야기되는 비용이 적어도 그를 고용함으로써 추가적으로 생산되는 물건이 판매되어 회수될까? 만약 두 번째 질문에 대한 답이 부정적이라면 그 사람을 고용하는 것은 손실을 초래할 것이다. 장기적으로 적자상태에서 운영할 수 있는 기업은 없다. 따라서 그 해당자는 해고되거나 고용되지 못할 것이다.

　이러한 계산에 따라 고용주들은 개인이 실제로 손에 쥐게 되는 임금뿐만 아니라 그를 고용하는 데 드는 모든 비용을 고려한다. 일부 유럽 국가들이 그러하듯이, 예를 들어, 정부가 기업이 노동자들에게 지불하는 임금에서 공제하지 못하도록 강력하게 금지하면서, 각 기업의 총임금의 일정률을 세금으로 걷으면 계산에 들어가는 총액은 노동자들에게 지불되는 임금+세금 분담액이 된다. 만약 고용자가 연금을 지급해야 하는 경우, 그 계산에 들어가는 총액은 지불된 임금+보험통계 방식에 의해 계산된 연금수당이 된다.

　이런 상황의 결과란 '사회적 이득'이라고 단정되고 있는 모든 부담이 임금 소득자에게 떨어진다는 점이다. 그 효과는 다른 종류의 임금 인상의 효과와 다르지 않다.

　자유노동 시장에서 임금은 모든 고용주가 지불하고자 하는 임금수준에서 필요한 노동자를 구할 수 있고, 일하고 싶어 하는 모든 노동자들이 그 임금에서 일자리를 구할 수 있는 수준에 도달하는 경향이 있다. 완전고용으로 가는 경향이 있는 것이다. 그러나 법으로, 혹은 노조가 임금을 이보다 더 높은 수준으로 고정시키는 순간 그런 경향은 사라진다. 그러면 노동자들은 해고되고, 일자리를 찾지 못하는 구직자들이 생긴다. 그 이유는 인위적으로 인상한 임금에서는 노동자의 고용이 줄어들기 때문이다. 간섭 없는 노동시장에서 실업은 잠정적일 뿐이지만, 정부나 노조가 잠재적 시장수준 이상으로 임금을 인상하는 데 성공한다면 실업은 영구적인 현상이 된다. 20년 전 베버리지경조차도 상당수의 실업이 지속되는 것은 그 자체가 시장의 상태에 비해서 노동에 대해 요구된 임금이 너무 높다는 증거라고 시인했다. '완전고용 정책'의 창시자인 케인스 경도 은연중에 이 명제가 옳다고 인정했다. 그가 실업을 해소하기 위한 수단으로 인플레이션을 주창한 주된 이유는 물가 상승의 결과로 점진적이고 자동적으로 실질임금이 낮아지는 것은 명목임금을 인하하려는 시도만큼 노동자로부터 강하게 저항 받지 않을 것이라고 믿었기 때문이다.

   정부와 노조가 임금을 그들이 실제로 요구하는 것보다 더 무리한 수준까지 인상하지 못하는 이유는 너무나 많은 사람들이 노동시장 밖으로 내쫓아질까 우려하기 때문이다. 실업을 증가시키지 않고 노동자들이 회사 측에서 지불하는 연금의 형태로 받는 것은 노조가 요구할 수 있는 임금액을 줄이게 된다. 노조는 수급자 측의 기여 없이 회사가 부담해야 할 연금을 요구는 선택을 했다. 회사는 실제로 손에 쥐게 되는 임금의 인상보다 연금을 선호했다. 노동자가 연금을 지불할 기금에 기여를 하건 안하건, 그것은 경제적으로 아무런 차이가 없다. 고용주에게 있어서 노동자를 고용하는 비용이 집으로 가져가는 임금에 따라 증가하건 연금을 제공하는 의무에 따라 증가하건 그건 중요하지 않다. 반면 노동자에게 연금은 고용주가 주는 공짜 선물이 아니다. 그들이 획득하는 연금 청구권은 노동자들이 실업의 망령을 부르지 않고 받을 수 있는 임금액을 제한한다.

   정확하게 계산하면, 연금을 받을 자격이 있는 임금소득자의 소득은 그의 임금과 동일한 청구권을 얻기 위해서 보험회사에 지불해야 하는 보험료로 구성된다. 궁극적으로 연금의 부여는 자신의 계획에 따라 자신의 전체소득을 사용할 수 있는 임금소득자의 자유를 제한한다. 그는 노후에 대비하기 위해 현재의 소비를 줄이도록 강요받는 것이다. 그러한 개인노동자의 자유를 제한하는 것이 합당한 것인지 아닌지의 문제는 그리 중요하지 않을 수도 있다. 강조해야 할 중요한 것은 단지 연금이 고용주 측의 선물이 아니라는 점이다. 그것은 특이한 성격을 갖는 감춰진 임금 인상이다. 종업원들은 어쩔 수 없이 그 인상분을 사용해 연금을 취득하는 셈이다.

인플레이션 정책이 연금을 수포로 만든다

개인이 언젠가 청구할 권리를 갖게 되는 연금액이 화폐금액으로 정해지는 것은 분명하다. 그러므로 이 청구권의 가치는 미국의 화폐 단위인 달러의 변동과 불가분한 관계를 갖는다.

현 정부는 노령연금과 장애연금을 위한 다양한 제도를 고안하고자 한다. 정부의 사회보장제도에 포함되는 인원수를 늘리고 이 제도의 혜택을 늘리는 것이 목적이다. 그것은 수혜자는 기여하지 않고 회사가 부여하는 연금에 대한 노조의 요구를 공개적으로 지지한다. 그러나 동시에 정부는 달러의 구매력이 점점 떨어질 수밖에 없는 정책들을 적극적으로 추진하고 있다. 불균형 예산과 적자지출을 국가재정의 제1원칙, 즉 새로운 생활방식이라고 선언했다. 겉으로는 인플레이션과 싸우는 척하면서 민중적 정부와 경제적 민주주의의 본질적 속성에 맞게 신용팽창과 통화량을 무분별하게 증가시켰다.

의도하는 바는 영원한 적자가 아니라, 단지 매년의 균형예산을 다년간에 걸친 균형예산으로 대체하는 것이라는 터무니없는 구실에 결코 속아서는 안 된다. 이 정책에 따르면 호황기에 예산의 잉여분이 축적되어 불황기의 적자에 균형이 이루게 될 것이라고 한다. 그러나 호경기로 볼 것인지 불경기로 볼 것인지는 정권을 쥐고 있는 정당의 결정에 달려 있다. 정부는 1949년 회계연도가 거의 끝나갈 무렵 완만한 경기침체가 있었음에도 불구하고 호황기였다고 발표했다. 그러나 정부는 이 호황의 해에 잉여분을 축적하지 않았다. 상당한 적자를 기록했다. 1932년 선거유세에서 민주당이 얼마나 후버 행정부의 재정실패를 비난했는가를 기억하라. 그러나 그들은 정권을 잡자마자 악명 높은 경기부양정책, 적자지출 등을 단행했다.

다년간에 걸친 균형예산이란 정책이 진짜로 의미하는 것은 이것이다. 우리 당이 정권을 잡고 있는 한 앞뒤 가리지 않고 지출을 해서 인기를 유지하겠다. 우리는 지출을 줄여서 후원자들을 자극하고 싶지 않다. 우리는 금융완화 정책과 풍부한 추가 통화 공급이 만들어내는 인위적인 일시적 호황 속에서 유권자들이 행복하다고 느끼길 바란다. 후에 우리의 상대방이 정권을 잡을 때면 우리의 확장주의 정책의 필연적인 결과, 즉 불황이 나타날 것이다. 그러면 우리는 그 실패를 그들의 탓이라고 하고 예산의 균형을 제대로 맞추지 못했다고 그들을 비난할 것이다.

가까운 장래에 재정적자 관행이 버려질 가능성은 거의 없는 것 같다. 그것이 터무니없는 정부의 재정정책으로는 아주 편리해서다. 많은 사이비 경제학자들이 그것을 열정적으로 옹호하고 있다. 대학에서는 그것은 '비전통적'인, 실제로는 '진보적' '반파시스트적'인 재정조달 방법 중 가장 유익한 수단이라고 찬사를 받고 있다. 오늘날 '전통파', 또는 '반동주의자'라고 매도되고 있는 건전재정정책의 위상을 재건하기 위해서는 이념의 급격한 변화가 필요할 것이다. 거의 보편적으로 받아들여지고 있는 교리가 전복되는 그러한 일은 현재의 교수들과 정치인들의 세대가 사라지지 않는 한 일어날 것 같지 않다. 40년 넘게 타협하지 않고 모든 신용팽창과 인플레이션에 대항해 온 이 저자도 슬프지만, 통화 문제가 건전하게 관리되는 쪽으로 조속히 돌아갈 가능성은 희박하다는 점을 인정할 수밖에 없다. 여론의 상태에 대한 현실적인 평가, 대학에서 가르치고 있는 교리, 정치인과 압력집단들의 사고방식은 우리에게 인플레이션 경향이 수년 동안 만연할 것이라는 점을 명백히 보여주고 있다.

인플레이션 정책의 필연적인 결과는 화폐 단위의 구매력 저하다. 1950년의 달러와 1940년의 달러를 비교해보라! 유럽이나 아메리카 국가의 화폐와 12년, 혹은 24년 전의 명목상 동일한 화폐를 비교해보라! 통화량의 연간 증가분이 점점 더 늘어야만 인플레이션 정책이 효과가 있으므로 물가 및 임금의 증가와 그에 상응하는 구매력의 저하는 가속화되어 갈 것이나. 프랑스 프랑의 경험을 토대로 하여 지금으로부터 30~40년 후의 달러화의 대략적인 모습을 상상할 수 있을 것이다.

지금 연금 계획에 고려되는 것이 그 정도의 기간이다. 현재 미국 철강회사의 노동자들은 자기들의 연금을 지금으로부터 20년, 30년, 혹은 40년 후에 받을 것이다. 오늘날 한 달에 100달러의 연금은 상당한 수당을 의미한다. 1980년이나 1990년에는 어떨까? 뉴욕시의 복지국장이 보여준 것처럼 오늘날 52센트면 한 사람이 하루에 필요한 열량과 단백질을 충족시키는 데 필요한 모든 음식을 살 수 있다. 1980년에는 52센트로 얼마나 살 수 있을까?

그런 것이 문제이다. 물론 노동자들이 사회보장과 연금을 얻으려고 노력하는 목표는 생활보장이다. 그러나 그들의 '사회적 이득'은 달러의 구매력 하락으로 사라져버린다. 페어딜Fair Deal의 재정정책을 열광적으로 지지하고 있는 노조원들은 자신들의 사회보장과 연금계획을 스스로 망치고 있다. 훗날 그들이 받을 수 있는 연금은 그저 허울에 지나지 않을 것이다.

이 딜레마에 대한 해결책은 찾을 수 없다. 산업사회에서 모든 이연지불은 화폐금액으로 정해져 있다. 화폐의 구매력이 감소함에 따라 그 금액도 줄어든다. 적자지출 정책은 모든 개인 간의 관계와 계약의 토대를 무너뜨린다. 이는 모든 종류의 저축, 사회보장 혜택, 연금을 수포로 돌아가게 만든다.

궤변에 현혹되지 말라

어떻게 해서 미국 노동자들이 자기들의 정책이 서로 어긋난다는 것을 알지 못할까?

그 해답은 소위 '신경제학'의 궤변에 현혹되어 있다는 데 있다. 이 새로운 철학이라고 불리는 것은 자본축적의 역할을 무시한다. 일자리를 얻고자 하는 모든 사람들의 임금을 올리고 그에 따라 생활수준을 향상시키는 길은 한 가지밖에 없다는 것, 즉 인구대비 자본의 증가를 가속화시키는 방법뿐이라는 사실을 깨닫지 못하고 있다. 기술진보와 생산성을 이야기하면서도 필요한 자본이 부족하면 기술 진보는 이루어지지 않는다는 사실을 인식하지 못하고 있다. 후진국에서뿐만 아니라 영국에서도 더 나은 경제발전을 가로막는 가장 중요한 장애요인이 자본부족이라는 것이 명백해진 바로 그 순간에 많은 미국의 학자들로부터 열렬한 지지를 받고 있는 케인스 경은 저축과 자본축적의 악덕에 관한 교리를 내놓았다. 이 사람들은 불만족스러운 모든 현상이 '성숙한' 경제상황에 대처하지 못하는 사기업의 무능력 때문에 야기된다고 본다. 그들이 권고하는 처방은 실로 간단하다. 국가가 그 공백을 메워야 한다는 것이다. 분별없이 그들은 국가는 마음대로 쓸 수 있는 수단이 무한하다고 가정한다. 국가는 너무 커서 민간 자본으로 감당할 수 없는 프로젝트도 모두 수행할 수 있다는 것이다. 단순히 미국 정부의 재정능력으로 무엇이든지 할 수 있다는 것이다. 테네시강 유역 개발공사Tennessee Valley Project와 마셜계획Marshall Plan은 작은 시작에 불과했다. 미국에는 개발되어야 할 계곡이 아직도 많다. 그리고도 지구상에는 더 많은 강들이 있다. 바로 얼마 전 맥마혼Senaotr McMahon의원은 마셜계획을 조족지혈로 만드는 거대한 프로젝트의 개요를 설명하였다. 왜 못하겠는가? 지출액을 사용가능한 수단에 맞출 필요가 없다면 위대한 신의 나라의 지출에 한계란 없다.

  보통 사람이 명망 높은 정치인이나 학식 높은 교수들의 시야를 흐리게 하는 환상의 희생물이 되고 있는 것은 놀라운 일이 아니다. 대통령의 전문 고문들과 마찬가지로 보통 사람은 미국 경제의 주요 문제, 즉 새로운 자본축적의 부족을 전혀 인식하지 못하고 있다. 위태로운 부족 수준인데도 풍부하다고 꿈을 꾸고 있다. 회사들이 발표하는 높은 이윤을 잘못 해석하고 있다. 이 이윤의 상당 부분이 허상이라는 점을 인식하지 못하고 있다. 감가상각 몫으로 적립되는 금액이 충분치 않다는 사실의 단순한 산술적 결과를 인식하지 못하고 있는 것이다. 달러구매력 저하의 엉터리 결과인 이 허상적인 이윤은 이미 올라버린 공장 노후설비의 대체비용에 흡수될 것이다. 그런 재투자는 추가투자가 아니라 자본유지에 불과하다. 투자의 실질 확대와 기술방법의 개선에 쓸 수 있는 금액은 대중들이 생각하는 것보다 훨씬 적다. 그들은 잘못 알고 있다.

과거 50년이나 100년을 뒤돌아보면 미국의 생산 능력과 그에 따른 소비 능력이 꾸준히 발전해왔음을 알 수 있다. 그러나 이런 추세가 지속되리라고 생각하는 것은 커다란 오산이다. 과거의 이러한 발전은 빠른 자본축적의 증가 덕택이었다. 만약 새로운 자본의 축적이 늦추어지거나 아예 멈춘다면 더 이상의 발전은 있을 수 없다.

그것이 오늘날 미국의 노동자가 당면한 실제 문제다. 자본유지와 새로운 자본축적 문제는 단순히 '기업경영'에만 해당되는 것이 아니다. 임금소득자들에게도 필수적이다. 오로지 임금과 연금에만 정신이 팔려 있는 노조는 피로스의 승리Pyrrhic victories(역자 주: 많은 희생(비용)을 치르고 얻은 승리)를 자랑한다. 노조원들은 자기들의 운명이 고용주의 기업의 번성과 결부되어 있다는 사실을 의식하지 못하고 있다. 유권자로서 그들은 저축되고 새로운 자본으로 투자되었을 그러한 자금을 현재의 지출을 위해 세금으로 거두어들여 낭비하는 조세제도를 찬성한다.

노동자들은 미국의 임금이 다른 나라보다 높은 것은 단지 1인당 자본투자량이 높기 때문이라는 것을 알아야만 한다. 모든 종류의 연금이 이 점을 모호하게 한다는 사실에 연금의 심리학적 위험성이 있다. 그것은 노동자들에게 근거 없는 안정감을 준다. 이제 그들은 자기들의 미래는 안전하다고 믿는다. 더 이상 걱정할 필요도 없다. 노조가 우리에게 더 많은 사회적 이익을 얻어줄 것이다. 풍요의 시대가 눈앞에 있다고 믿는다.

그러나 노동자들은 자본공급의 상태를 걱정해야만 한다. 걱정해야 하는 이유는 이른바 '미국식 생활방식'과 '미국의 생활수준'의 유지와 더 나은 발전은 미국 기업에 투자되는 자본의 유지와 증대에 달려 있기 때문이다.

자신의 노년을 스스로 책임져야 하는 사람은 수입의 일부를 저축하거나 보험에 가입할 것임에 틀림없다. 이로 인해서 그는 은행, 또는 보험회사의 재정 상태나 그가 산 채권의 안정성을 검토할 것이다. 그런 사람은 연금으로 모든 걱정이 사라졌다고 생각하는 사람들보다는 자국의 경제문제에 대해 더 잘 알게 될 것이다. 그는 신문에서 경제면을 읽을 것이고 생각 없는 사람들이 지나쳐버리는 기사에 관심을 가질 것이다. 그가 예리하다면 '신경제학'의 결함을 발견하게 될 것이다. 그러나 약정한 연금을 신뢰하는 사람은 그런 것들은 모두 '이론일 뿐'이며 자신에게는 아무 영향도 미치지 않을 것으로 믿는다. 그는 이 상관관계를 무시하기 때문에 자신의 행복이 달려 있는 그런 것들에 신경 쓰지 않는다. 시민으로서 그러한 사람은 부채이다. 국가 구성원들이 오직 자신들의 처지를 개선할 수 있는 것이 더 많고 더 나은 생산이라는 사실을 철저하게 인식하지 못한다면 국가는 번영할 수 없다. 그리고 그런 번영은 오로지 저축의 증가와 자본축적만으로 이루어질 수 있는 것이다.

8

진보주의 철학에 대해 말하다[27]

마르크스 사상의 두 갈림길

공개적으로 완전하고 전면적인 사회주의 정책을 채택하지 않았던 모든 국가에서 지난 수십 년간 자신들은 '진보주의'라고 하고 상대방은 '반동주의'라고 부르는 정치인들과 정당이 국정을 장악했다. 이 진보주의자들은 때때로(항상은 아니지만) 누가 자신들을 마르크스주의자라고 하면 매우 화를 낸다. 그들의 교리와 정책이 마르크스교리와 마르크스 교리를 적용한 정치 행동에 반하는 한 이와 같은 그들의 반발을 옳다. 그러나 마르크스주의의 기본적인 신조를 거리낌 없이 지지하고 그에 따라 행동하는 한 그들은 틀렸다. 전면적인 혁명의 전사인 마르크스의 사상에 의문을 제기하는 한편, 그들은 단편적인 혁명을 수용한다.

마르크스의 글에는 서로 양립할 수 없는 별개의 두 가지 이론이 있다. 하나는 초기에 카우츠키Kautsky, 나중에 레닌Lenin이 지지했던 전면적인 혁명노선이고, 다른 하나는 독일의 좀바르트와 영국의 페이비언이 주장했던 분할식의 '개혁' 혁명노선이다.

두 노선의 공통점은 자본주의와 자본주의의 정치적 '상부구조'인 대의정부에 대한 무조건적인 비난이다. 자본주의는 무시무시한 착취 시스템으로 묘사된다. 자본주의는 그 수가 계속 줄어드는 '착취자'에게는 부를 축적하게 하고, 대중에게는 점점 비참하고, 억압받고, 노예와 타락 상태에 이르게 한다. 그러나 '자연법칙의 냉혹함'으로 마침내 구원을 가져오는 것도 바로 이 볼썽사나운 제도다. 사회주의의 도래는 피할 수 없다. 사회주의는 계급의식이 강한 무산 계급의 행동의 결과로 출현할 것이다. '민중'은 결국 승리할 것이다. 사악한 '부르주아'의 모든 음모는 실패할 수밖에 없다.

그러나 여기서 두 노선이 갈라진다.

「공산당 선언」에서 마르크스와 엥겔스는 자본주의를 사회주의로 단계적으로 변화시키는 계획을 디자인했다. 프롤레타리아는 '민주주의의 싸움'에서 승리해 지배계층의 위치에 올라야 한다. 그 다음에 정치적 우월권을 이용해 '서서히' 부르주아로부터 모든 자본을 빼앗아야 한다. 마르크스와 엥겔스는 활용할 수 있는 여러 가지 방법을 다소 구체적으로 제시한다. 그들의 투쟁계획을 장황하게 인용할 필요는 없다. 그 다양한 계획들이 뉴딜정책New Deal과 페어딜정책Fair Deal의 시대를 산 미국인들에게는 잘 알려져 있다. 마르크스주의의 선구자들 스스로가 자신들이 제안한 조치들을 '재산권과 부르주아 생산조건에 대한 독재적인 침투'라고 하고, '경제적으로 미흡하고 유지할 수 없는 것처럼 보이지만, 운동과정에서 스스로를 극복하고, 구 사회질서에 더 침투하는데 필요하며, 생산방식을 완전히 혁신하는 수단으로서 불가피한 것'이라고 했다는 것을 기억하는 것이 더 중요하다.[28]

지난 1백 년 동안 모든 '개혁가'들이 1848년 「공산당선언」의 저자들이 생각해낸 계획을 실행하는 데 헌신했던 것은 분명하다. 이런 이유로 비스마르크의 사회정책Sozialpolitik과 루스벨트의 뉴딜정책이 마르크스주의라는 소리를 듣는 것은 당연하다.

그런데 또 한편으로 마르크스는 「공산당선언」에서 설명된 것과 완전히 다르고 그와는 결코 양립될 수 없는 교리를 내놓았다. 이 두 번째 교리에 따르면 "모든 생산력들이 개발되어 충분할 정도로 발전하기 전에는 어떤 사회조직도 사라지지 않으며, 그들 생계의 물질적 조건이 이전 사회에서 잉태되기 전에는 새로운 고도의 생산방법이 결코 나타나지 않는다." 자본주의의 완전한 성숙이 사회주의 등장에 필요불가결한 전제조건이다. 사회주의가 실현될 수 있는 길은 단 하나다. 즉 자본주의 생산방식의 불치불능의 모순을 통해 스스로 붕괴되는 자본주의의 점진적인 진화 그 자체다. 이 과정은 인간의 의지와 무관하게 "자본주의 생산에 내재하는 법칙이 작동해 저절로 실행된다."

한쪽에서는 소수의 착취자 집단이 차지하는 극심한 자본집중과 다른 한쪽에서는 착취당하는 대중이 겪는 참을 수 없는 빈곤은 자본주의를 쓸어버릴 엄청난 격변을 불러일으킬 수 있는 요인이다. 그렇게 되어야만 비참한 임금 소득자들의 인내심이 폭발하고 그들은 폭력적인 혁명으로 일시에 노쇠한 부르주아의 '독재'를 전복시킬 것이다.

이러한 교리의 관점에서 보면 마르크스는 쁘띠부르주아(소자본가)의 정책과 계급의식이 강한 프롤레타리아의 정책을 구분하고 있다. 쁘띠부르주아는 무지하게도 모든 희망을 개혁에 건다. 그들은 자본주의를 억제하고 규제하며 개선하기를 열망한다. 그들은 이 모든 노력은 실패하게 되어 있고, 상황을 개선하는 것이 아니라 악화시킨다는 사실을 알지 못한다. 왜냐하면 그러한 노력들은 거대한 붕괴와 인류를 착취의 해악으로부터 구할 수 있는 자본주의의 진화와 자본주의 성숙함의 도래를 지연시키기 때문이다. 그러나 마르크스의 교리에 계몽된 프롤레타리아들은 그런 몽상에 빠지지 않는다. 그들은 자본주의의 개선을 위한 헛된 생각을 하지 않는다. 쁘띠부르주아와는 달리 그들은 자본주의의 발전 단계마다, 자신들의 상황이 악화될 때마다, 경제위기가 재발될 때마다, 불가피한 자본주의 생산방식의 붕괴가 진행되어 가고 있음을 인지한다. 그들 정치행태의 본질은 혁명의 위대한 날이 밝아올 때를 준비하기 위해서 그들의 군대, 즉 인민전투대를 조직하고 훈련하는 것이다.

쁘띠부르주아의 정치행태에 대한 이러한 거부반응은 전통적인 노조의 전술에도 나타난다. 자본주의 틀 안에서 노조결성과 파업을 통해 임금과 생활수준을 향상시키려는 노동자의 계획은 헛된 것이다. 왜냐하면 마르크스 왈, 자본주의의 불가피한 성향이 평균임금 수준을 올리는 것이 아니라 내리는 것이기 때문이다. 그래서 마르크스는 노조에게 정치행태를 완전히 바꾸라고 권고했다. "공정한 노동에 대한 공정한 임금과 같은 보수적인 구호가 아니라, 임금제도 철폐라는 혁명적인 문구의 깃발을 들어야 한다."라고.

이러한 두 가지의 마르크스 교리와 마르크스 정책을 조화시키는 것은 불가능하다. 그것들은 서로 배제한다. 1848년 「공산당선언」의 저자들은 자신들의 후기 서적들과 소책자에서 '쁘띠부르주아 난센스'라고 명명했던 정책들을 주창했다. 그러나 그들은 결코 1848년의 계획을 버리지 않았다. 그들은 공산당선언의 개정판을 만들었다. 1872년판의 서문에서 정치활동의 실질적 조치들은 역사적 상황의 변화에 따라 항상 조정돼야하기 때문에 1848년에 서술한 정치행동의 원리들은 개선될 필요가 있다고 선언했다. 그러나 이 서문에서 그들은 그런 개량을 쁘띠부르주아 정신의 결과라고 지탄하지 않았다. 그리하여 두 가지 마르크스주의 노선의 이원론이 존속하게 되었다.

1880년대 독일 사회민주당이 독일의회에서 비스마르크의 사회보장 입법에 반대표를 던졌던 것, 그리고 그들의 격렬한 반대가 독일 담배산업을 사회화하려던 비스마르크의 계획을 좌절시킨 것은 비타협적인 혁명노선과 완벽하게 일치한다. 스탈린주의자와 그 추종자들이 미국의 뉴딜정책과 케인지안의 처방책을 자본주의를 회복하고 보존하기 위해 고안된 영리하지만 헛된 변통수라고 묘사한 것은 역시 이 혁명노선과 일치한다.

오늘날 한쪽에는 공산주의자, 다른 한쪽에는 사회주의자, 뉴딜정책자,

그리고 케인지안들 사이에 존재하는 반목은 이 두 분파 모두의 공통목적, 즉 총체적인 중앙계획과 시장경제의 완전 제거라는 목적 달성을 위해 강구하는 수단에 대한 논쟁이다. 그것이 마르크스 가르침을 옳게 참조하고 있는 두 분파 간의 불화다. 이 논쟁에서 공산당 선언이라 불리는 문서가 '마르크스주의'라는 것에 반공산주의자란 칭호를 부여하는 것은 정말로 모순이다.

진보주의의 지침서: 「공산당선언」

「공산당선언」이 진보주의자들에게는 매뉴얼과 성전, 즉 인류의 미래에 대한 신뢰할 수 있는 유일한 정보원이자 궁극적인 정치적 행동 규범이라는 사실을 고려하지 않으면 그들의 사고방식과 정책을 이해할 수 없다. 「공산당선언」은 그들이 마르크스의 글 중에서 정말로 숙독한 유일한 것이다. 「공산당선언」이외에 그들이 알고 있는 것은 맥락에서 벗어나고 현재 정책의 문제와는 아무런 관련이 없는 몇 문장뿐이다. 그러나 그들은 「공산당선언」으로부터 사회주의의 도래는 필연적이며 지구를 에덴동산으로 바꿀 것이라는 것을 배웠다. 그들은 자신을 진보주의자라고 부르고 상대방을 반동주의자라고 부른다. 왜냐하면 다가올 축복을 위해 싸우는 자기들은 '미래의 물결'을 짊어지지만 적들은 역사와 운명의 바퀴를 멈추려는 무모한 시도를 하고 있기 때문이다. 자신들의 이상이 승리하게 되어 있음을 아는 것은 얼마나 위안이 되는 일인가!

그 다음에 진보주의 교수, 작가, 정치인, 그리고 공무원들은 「공산당선언」에서 자신들의 자만심을 부채질하는 문장을 찾아냈다. 그들 자신은 "소수의 지배계급"에 속한다. 즉 "미래를 장악하는 계급"인 프롤레타리아로 전향한 "부르주아 사상가 부분"에 속한다. 따라서 그들은 "이론적으로 역사의 움직임을 전체적으로 이해할 수 있는 수준까지 자신을 끌어올린" 엘

리트들이다.

훨씬 더 중요한 것은 「공산당선언」이 그들에게 그들의 정책에 반하는 모든 비난에 대해 증거를 만들어주는 방패막이를 제공한다는 사실이다. 부르주아는 이 진보주의 정책을 "경제적으로 불충분하고 유지할 수 없다"고 말한다. 그리고 그것의 부적함을 증명했다고 생각한다. 틀렸다! 진보주의자들의 눈에는 이러한 정책들의 탁월함은 정책이 "경제적으로 불충분하고 유지할 수 없는" 바로 그 사실에 있다. 「공산당선언」에 나와 있듯이 그런 정책은 "생산방식을 완전히 혁명하는 수단으로서 불가피한" 것이기 때문이다.

「공산당선언」이 계속 늘어가는 관료들과 사이비 경제학자들에게만 지침서가 된 것은 아니다. 그것은 "진보주의" 작가들에게 "부르주아 문화"의 본질을 보여준다. 이 소위 부르주아 문명이라는 것이 얼마나 수치스러운가! 운 좋게도 자칭 "자유주의"라는 작가들은 마르크스 덕에 눈을 크게 뜨게 되었다. 그들에게 「공산당선언」은 부르주아의 말할 수 없는 비열함과 타락에 관한 진실을 말해주고 있었다. 부르주아의 결혼은 "사실상 여성의 공유 시스템"이다. 부르주아는 "아내를 단순한 생산수단으로 본다." 우리의 부르주아는 "일반 매춘부는 말할 것도 없고 프롤레타리아의 아내나 딸을 마음대로 취하는 데에 만족하지 않으며 서로의 아내를 유혹하는 것을 최고의 즐거움으로 여긴다." 이런 식으로 수없이 많은 희곡과 소설이 썩어가는 자본주의의 부패한 사회상을 묘사하고 있다.

위대한 페이비언들Fabians, 시드니Sidney와 비아트리스 웹Beatrice Webb이 신문명New Civilization이라 했던 것의 선봉자인 프롤레타리아들이 이미 착취자들을 '청산한' 나라의 상황은 얼마나 다른가! 러시아의 방식이 모든 면에서 서방의 '자유주의자들'에 의해 채택될 귀감으로 간주될 수는 없을 것이다. 또한 소련정권의 폭력적인 전복을 끊임없이 획책하고 있는 서방자본주의자들의 음모에 상당히 짜증이 난 러시아인들이 화를 내고 때로는 분개하여 비우호적인 말로 분노를 터뜨리는 것이 사실일 것이다. 그렇지만 러시아에서 공산당선언의 내용이 실현되었다는 것은 여전히 사실이다. 자본주의하에서 "노동자들은 나라가 없고", "족쇄 외에 잃어버릴 것이 없다." 그러나 러시아는 전 세계 모든 프롤레타리아들의 진정한 조국이다. 순전히 기술적, 법적인 의미에서 미국인이나 캐나다인이 국가기밀문서나 새로운 무기의 비밀 설계를 러시아 당국에 넘기는 것은 잘못일 것이다. 더 높은 관점에서 보면 이해할 수 있을 것이다.

파괴주의에 대한 앤더슨의 투쟁

바로 그러한 것이 지난 10년간 행정부를 장악하고 미국 정세의 방향을 결정했던 사람들을 사로잡은 이념이다. 경제학자들이 뉴딜 정책을 비난하여 싸워야 했던 대상은 바로 그러한 사고방식이었다.

이런 반대자들 중 으뜸이 벤자민 맥칼리스터 앤더슨Benjamin McAlester Anderson이었다. 이 중대한 시기에 그는 『체이스 경제회보Chase Economic Bulletin』(체이스 내셔널 은행 Chase National Bank 발간), 그 후엔 『경제회보Economic Bulletin』(Capital Research Company 발행)의 편집자이며 동시에 유일한 저자였다. 그는 아직 개발단계에 있는 정책을 분석하고, 나중에 그 정책들의 비참한 결과들이 나타났을 때 다시 분석하는 훌륭한 논문들을 발표했다. 그는 아직 부적절한 조치들을 중단할 시간이 남아 있을 때는 경고의 목소리를 높였고, 나중에도 자기의 반대와 제안을 무시해서 생긴 대재난을 어떻게 하면 가능한 한 많이 줄일 수 있었는지를 증명하는 데 전혀 주저함이 없었다.

그의 비판은 부정적이지만은 않았다. 그는 항상 난국에서 타개할 수 있는 길을 제시하는 데 전념했다. 건설적인 마음이었다.

앤더슨은 현실과 동떨어진 교조주의자가 아니었다. 체이스 내셔널 은행의 경제학자(1919~1939)라는 자격으로 그는 미국의 경제상황에 대한 모든 것을 배울 수 있는 충분한 기회를 갖게 되었다. 유럽의 비즈니스와 정치에 대해 그보다 더 잘 아는 미국인은 없었다. 국내 및 국제 금융, 비즈니스, 정치 활동에서 중요한 역할을 하는 사람들을 아주 잘 알고 있었다. 포기할 줄 모르는 연구자였던 그는 국가문서, 통계보고서 및 많은 기밀서류의 내용에 정통했다. 그의 정보는 언제나 완벽했고 업데이트된 것이었다.

그러나 그의 가장 뛰어난 자질은 불굴의 정직함, 망설임 없는 진지함, 그리고 변함없는 애국심이었다. 그는 절대 양보하지 않았다. 그는 진실이라고 생각되는 것을 거리낌 없이 말했다. 만약 그가 인기는 있지만 해로운 정책에 대한 비난을 억제하거나 조금이나마 누그러뜨렸다면 가장 영향력 있는 지위와 권한이 그에게 주어졌을 것이다. 그러나 그는 결코 타협하지 않았다. 이런 확고함 때문에 그는 극도의 기회주의자가 판치는 이 시대에 뛰어난 인물들 중 한 사람으로 기록된다.

금융완화 정책, 신용팽창과 인플레이션, 금본위제 폐지, 불균형 예산, 케인스식 지출, 가격통제, 보조금, 은의 구매, 관세 및 그 밖의 유사한 편법들에 대해 그는 강력하게 비난했다. 이 처방들을 옹호하는 사람들은 그의 반대를 어떻게 반박해야 할지 전혀 아이디어가 없었다. 그들이 할 수 있었던 일이란 앤더슨을 '전통파'라고 몰아붙이는 것뿐이었다. 그가 공격한 '비전통파' 정책의 바람직하지 못한 영향이 그가 예견한 그대로 나타나지 않은 적은 한 번도 없었음에도 불구하고 워싱턴에 있는 누구 하나 그의 말에 주의를 기울이지 않았다.

그 이유는 뻔하다. 앤더슨의 비판의 본질은 이 모든 방법들은 "경제적으로 불충분하고 유지될 수 없으며", 그것들은 생산조건에 대한 "독재적 침투"이며, 그것들이 "더 많은 침투를 필요로 하고", 결국에 가서는 우리의 경제 전체를 파괴할 것이라는 것이었다. 그러나 이런 것들이 바로 워싱턴에 있는 마르크스주의자들이 노리는 결말이었다. 그들은 자본주의를 모든 악 중 최악의 것이며 역사적 진화의 불가피한 법칙에 따라 망할 운명을 맞게 되어 있는 것으로 보기 때문에 자본주의의 모든 기본적 제도가 파괴되는 것에 신경 쓰지 않았다. 그들의 계획은 단계적으로 중앙계획의 복지국가를 구현하는 것이었다. 이 목적을 달성하기 위해서 그들은 「공산당선언」이 "생산방법을 완전히 혁명하기 위한 수단으로서 불가피한" 것이라고 선언한 "유지될 수 없는" 정책을 채택했었다.

앤더슨은 신용팽창의 수단을 통해 이자율을 낮추려는 노력은 인위적인 호황과 그것에 따른 불가피한 후유증인 불황을 초래할 것이라는 점을 끊임없이 지적했다. 이러한 맥락에서 1929년이 닥치기 한참 전에 1920년대의 통화팽창 정책을 공격했으며, 후에 다시 1937년의 붕괴가 일어나기 한참 전부터 뉴딜정책의 경기부양책을 공격했다. 소귀에 경 읽기였다. 왜냐하면 그의 반대자들이 마르크스로부터 불황의 반복은 중앙계획이 없어서 생기는 필연적 결과이며 "생산의 무정부"가 존재하는 곳에서는 피할 수 없다고 배웠기 때문이었다. 위기가 심하면 심할수록 사회주의가 자본주의를 대체하는 구원의 날이 점점 더 가까워 온다고 배웠기 때문이었다.

정부의 법령이나 노조의 폭력과 협박에 의해 간섭받지 않는 시장이 결정하는 수준보다 높은 임금을 유지하는 정책은 해가 갈수록 대량실업을 야기한다. 앤더슨은 영국이나 다른 유럽 국가들뿐만 아니라 미국의 상태를 다루는데 있어서 이 법칙을 반복해서 언급했다. 이 법칙은 몇 해 전 베버리지 경조차 주장하였던 것처럼 어떤 유능한 권위자도 이의를 제기하지 못한 것이다. 그의 주장은 '노동자의 친구'라고 행세하는 사람들에게 감명을 주지 못했다. 그들은 민간 기업이 "모두에게 일자리를 제공할 능력이 없다"는 주장을 당연한 것으로 여겼으며, 대량 실업을 자신들의 구상을 실현하는 지렛대로 이용하려고 작심했다.

만약 사회주의자와 공산주의자의 맹공격을 격퇴하고 소련화하는 것으로부터 서구문명을 지키고 싶다면 일반 대중의 경제여건 개선을 목표로 하고 있는 진보주의적 정책들의 실패와 부적절함을 폭로하는 것만으로는 충분치 않다. 필요한 것은 마르크스주의, 베블레니안, 케인지안의 오류에 대한 정면 공격이다. 이러한 사이비 철학들의 논법이 분에 넘치는 명망을 유지하고 있는 한, 평범한 지식인들은 반자본주의적 제도와 계책들이 내놓는 모든 처참한 결과를 계속 자본주의 탓으로 돌릴 것이다.

앤더슨이 남긴 보물

 벤자민 앤더슨은 그의 말년을 위대한 책, 즉 전쟁과 문명의 붕괴가 진행되는 우리 시대의 금융 및 경제의 역사에 관한 책을 저술하는 데 바쳤다.
 가장 뛰어난 역사서적은 기록적인 사건들과 동시대를 사는 독자를 위해 그들 자신 시대의 역사를 쓰는 저자들로부터 나온다. 아테네의 영광에 어둠이 내리기 시작할 때 아테네의 가장 훌륭한 시민 중 한 명이 역사의 여신 클리오Clio에게 자신을 바쳤다. 투키디데스Thucydides(역자 주: 아테네의 역사가이자 장군, 〈펠로폰네소스전쟁사〉 저술, 460BC~400BC)는 펠로폰네소스 전쟁과 아테네 정치의 운명적인 방향에 대한 역사를 단순히 천진난만한 학생의 자세로 쓴 것만이 아니었다. 그의 날카로운 눈은 그의 동포들이 향하고 있는 항로의 참담한 의미를 완전히 인식하고 있었다. 그 스스로가 정치와 전쟁에 참여했었다. 역사를 쓰면서 동료시민들에게 봉사하고 싶었다. 그는 그들에게 충고하고 경고하고, 나락의 구렁텅이를 향해 가고 있는 그들의 행진을 막고 싶었다.
 앤더슨의 의도도 그랬다. 그는 단지 기록하기 위해 쓴 것이 아니었다. 그의 역사는 또한 어떤 면에서 그의 보고서와 논문이 제시한 현재의 사건들에 대한 그의 비판적 검토와 해석의 연속과 반복이었다. 죽은 과거의 연대기가 아니다. 그것은 여전히 작동되고 있고 파멸을 확산시키고 있는 세력을 다루고 있다. 투키디데스처럼 앤더슨은 미래의 열쇠로서 과거에 대한 정확한 지식을 갈망하는 사람들에게 봉사하고 싶었다.

투키디데스처럼 앤더슨 역시 자신의 책이 출판되는 것을 보지 못했다. 친구들과 그를 존경해온 사람들이 그의 요절을 애석해 하는 가운데 노스트란드D. Van Nostrand 출판사에서 『경제학과 미국의 공공복지, 금융 및 경제사, 1914~1946년 Economics and The Public Welfare, Financial and Economic History of the United States, 1914~1946』라는 책을 출판했다. 서문은 헨리 해즐릿 Henry Hazlitt이 달았다. 이 책에는 그 제목 이상의 것들이 담겨 있다. 이 시기 미국의 금융 및 경제의 역사는 다른 나라들의 상황과 너무도 밀접히 연관되어 있었기 때문에 그의 기술은 서구문명 전역을 포함하고 있다. 영국과 프랑스의 사건을 다루는 부분은 의심할 여지없이 한때 번창했던 이 나라들의 쇠퇴에 대해 언급된 것 중 최고다.

이 책은 정보, 지혜, 예리한 경제 분석이 담겨진 보물창고다. 거기에서 가장 좋은 보석을 골라내기가 매우 어렵다. 분별력 있는 독자는 첫 페이지부터 사로잡혀서 끝 페이지까지 다 읽기 전에 책을 손에서 놓지 못할 것이다.

경제사는 '인간적 측면'이라고 불리는 점에 소홀하다고 생각하는 사람들이 있다. 경제사의 정확한 영역은 가격과 생산, 화폐와 신용, 세금과 예산, 기타 현상들이다. 그러나 이 모든 것들은 인간의 의지와 행동, 계획과 열망의 산물이다. 경제사의 주제는 모든 지식과 무지, 진실과 오류, 선과 악이 있는 인간에 관한 것이다.

앤더슨의 논평 중 하나를 인용하자. 미국이 금본위제를 폐지한 데 대한 논평에서 그는 이렇게 말하고 있다. "미래에 대한 약속이 지켜지기 위해서, 신뢰성 있는 협동이 가능하기 위해서 인간의 삶에서 사람들이 서로를 믿고, 정부를 신뢰하고, 약속을 믿는 것만큼 중요한 것은 없다. 개인의, 국가의, 국가 간 신의성실은 품위 있는 생활, 산업의 지속적 발전, 국가의 재정력, 국제적 평화의 첫 번째 전제조건이다."(317~318쪽)

그런 생각 때문에 자칭 진보주의라는 사람들은 앤더슨을 '전통적' '구식'

'반동적' '빅토리아 시대 사람'으로 깎아내리고 있다. 열두 번이나 엄숙하게 달러에 대한 파운드의 공식관계를 변경하지 않을 것이라 해놓고, 정작 변경하고 나서는 그런 의도를 당연히 인정할 수 없다고 항변했던 스태포드 크립스 경Sir Stafford Cripps(역자 주: 영국 정치인, 경제부 장관 역임, 1889~1952)이 그들 마음에 더 드는 것이다.

9

이윤과 손실[29]

A. 이윤과 손실의 경제적 특성

이윤과 손실의 발생

사회의 경제조직이 자본주의 체제인 경우 생산 과정을 결정하는 것은 기업가들이다. 이 기능을 수행하는 데에 있어서 기업가들은 무조건, 또는 전적으로 구매하는 대중, 즉 소비자의 주권에 종속된다. 소비자들이 가장 긴급하게 요구하는 상품을 가장 저렴하고 가능한 최선의 방법으로 생산하지 못하면 손실을 보고, 결국에는 기업가의 위치에서 밀려나게 된다. 대신 소비자에게 봉사하는 방법을 가장 잘 아는 다른 사람이 그 자리를 차지하게 된다.

만약 모든 사람이 미래의 시장을 정확히 예측한다면 기업가는 아무런 이윤도, 손실도 보지 못할 것이다. 기업가는 생산요소들을 구매하는 시점에 이미 제품의 미래가격을 완전히 반영시킨 가격에 생산의 요소들을 구매할 것이다. 그러므로 이윤이나 손실이 생길 여지가 없다. 이윤이란 제품의 미래가격을 다른 사람들보다 더 정확하게 판단한 기업가가 생산에 필요한 모든, 혹은 일부 요소를 시장의 미래 시세의 견지에서 볼 때 너무 낮다고 보이는 가격에 구입할 경우 발생한다. 그러므로 투자된 자본에 대한 이자를 포함한 총생산비는 기업가가 제품에 대해 받는 가격보다 작다. 이 차이가 기업가의 이윤이다. 반면에 제품의 미래가격을 잘못 판단한 기업가는 미래 시세의 견지에서 볼 때 너무 높아 보이는 생산요소의 가격을 받아들인다. 그의 총생산비용은 그가 팔 수 있는 가격보다 크다. 이 차이는 기업가의 손실이다.

그러므로 이윤과 손실은 소비자의 가장 긴급한 수요에 생산 활동의 과정을 조정하는 데 성공했는지, 혹은 실패했는지에 따라 발생된다. 일단 이 조정이 이루어지면 이윤과 손실은 사라진다. 생산의 보완요소의 가격은 총생산비용과 제품가격이 일치하는 수준에 이르게 된다. 경제 정보들이 끊임없이 변화함에 따라 계속 새로운 차이가 생기고, 그에 따라 새로운 조정의 필요성이 발생하기 때문에 이윤과 손실은 항상 존재하게 된다.

이윤과 수익의 차이점

이윤과 손실의 본질에 관한 많은 오류는 기업가의 잔여수입 전체에 이윤이라는 용어를 쓰는 관행 때문에 생겼다.

사용된 자본에 대한 이자는 이윤의 구성 요소가 아니다. 기업의 배당금은 이윤이 아니다. 그것은 투자된 자본의 이자에 이윤을 더하거나 손실을 뺀 것이다.

기업 경영 활동에서 기업가가 수행한 일에 상당하는 시장가치는 이윤이 아니라 기업가의 준임금quasi-wage이다.

만약 기업이 독점가격을 받을 수 있는 생산요소를 소유하고 있다면 독점이익을 얻는다. 만약 이 기업이 주식회사라면 그런 이익은 배당금을 증가시킨다. 하지만 그것은 참된 이윤이 아니다.

훨씬 더 심각한 것은 기술의 혁신과 진보를 기업 활동과 혼동하는 데서 생기는 오류다.

불균형을 제거하는 것이 기업가 정신의 핵심 기능이다. 불균형이 있다는 것은 종종 소비자의 수요를 최대한 충족시키기 위해서 사용되어야 할 정도까지 새로운 기술방법이 완전히 활용되지 못한 사실에 있을 수 있다. 그러나 항상 그런 것은 아니다. 정보의 변화, 특히 소비자 수요의 변화는 기술혁신이나 개선과는 전혀 무관한 조정이 필요할 수 있다. 생산기술 방법을 전혀 변화시키기지 않고 단지 기존의 생산설비에 새로운 도구를 추가하여 제품의 생산을 증가시킨 기업가도 새로운 생산방법을 시도한 사람 못지않은 기업가다. 기업가의 일은 단순히 새로운 기술적 방법을 실험하는 것이 아니라, 선택 가능한 여러 가지 생산방법들 중에서 대중이 가장 긴급하게 요구하는 물건을 가장 값싸게 공급할 최선의 방법을 선택하는 것이다. 새로운 기술과정이 이 목적에 적합한지 아닌지는 잠정적으로 기업가에 의해 결정되고, 궁극적으로는 구매하는 대중에 의해 결정된다. 문제는 새로운 방법이 기술적인 문제에 대한 '멋진' 해결책인지의 여부가 아니다. 주어진 경제정보 상태 하에서 그것이 가장 값싼 방법으로 소비자에게 공급할 수 있는 최선의 방법인지의 여부다.

기업가의 활동은 의사결정을 내리는 데 있다. 그는 생산요소를 어떤 목적으로 사용해야 하는지를 결정한다. 기업가가 수행할 수 있는 다른 활동들은 기업가의 부수적인 일에 지나지 않는다. 일반인들이 종종 이해하지 못하는 것이 바로 이점이다. 그들은 기업가의 활동과 공장의 기술적, 행정적인 일들을 혼동한다. 그들은 주주, 발기인, 투기자들이 아니라 고용된 직원들을 실제 기업가로 본다. 전자들은 배당금만 챙기는 게으른 기생충에 불과하다고 생각한다.

노동 없이 무언가를 생산할 수 있다고 주장하는 사람은 아무도 없다. 그러나 이미 생산된 추가생산요소, 즉 자본재 없이 생산하는 것도 불가능하다. 이 자본재는 희소하다. 즉 생산하고 싶어 하는 모든 것을 생산할 만큼 충분하지 못하다. 따라서 소비자의 가장 긴급한 수요를 충족시킬 수 있는 재화만이 생산되는 방법으로 자본재를 사용해야 하는 경제문제가 발생한다. 어떤 재화 생산에 필수적인 요소가 대중이 그다지 간절히 원하지 않는 다른 재화의 생산에 사용되므로(낭비되므로) 인해 그 재화가 생산되지 않아서는 안 된다. 자본주의 체제하에서 이것을 성취하는 것이 기업가 정신이다. 기업가가 여러 생산 분야에 자본의 배분을 결정한다. 사회주의 체제하에서는 강제와 강압의 사회적 기구인 국가가 그 기능을 수행한다. 경제계산의 방법을 모르는 사회주의 관리당국이 이 기능을 수행할 수 있는지의 문제는 이 글에서 다루지 않을 것이다.

기업가와 비기업가를 구분하는 간단한 어림법칙이 있다. 기업가는 사용된 자본의 손실 발생률이 떨어지는 사람들이다. 비경제전문들은 이윤과 다른 수입을 혼동할지 모른다. 그러나 사용된 자본의 손실을 인지하지 못할 리는 결코 없을 것이다.

비영리 운영

시장의 민주주의라고 하는 것은 이윤을 추구하는 기업이 소비자의 주권에 종속되어 있다는 사실에 있다.

비영리단체들은 그 자체가 주권자이다. 그들은 자신들이 마음대로 처분할 수 있는 자본의 범위 내에서 대중의 바람을 거역할 수 있는 위치에 있다.

특별한 경우가 정부 업무의 수행이다. 강제 및 강압, 즉 경찰력의 사회적 기구의 관리다. 정부의 목적, 즉 개인의 생명과 건강의 불가침을 보호하고, 개인의 삶을 위한 물질적 조건을 개선하려는 노력을 보호하는 일은 필수불가결한 것이다. 그것들은 모두에게 이득을 주며 사회적 협동과 문명의 필요전제조건이다. 그러나 그것들은 상품이 사고 팔리는 식으로 사고 팔 수가 없다. 그러므로 그것들은 시장가격이 없다. 그것들에 관해서는 경제적 계산도 있을 수 없다. 그것들의 수행을 위해 지출된 비용은 상품에 대해 받는 가격과 대응될 수 없다. 이러한 특성 때문에 예산제도로 제약을 받지 않으면 정부활동의 행정을 위임받은 관리들이 무책임한 폭군이 될 수 있다. 이런 제도 하에서 행정가들은 주권자가 부과한 상세한 지시를 따를 수밖에 없다. 그 주권자는 스스로 권력을 차지한 독재자일 수도 있고, 선출직 대의원을 통해 행동하는 모든 국민일 수도 있다. 주권자가 지시한 목적에만 지출하도록 되어 있는 제한된 자금이 관리들에게 할당된다. 그러므로 국가행정의 관리는 관료주의, 즉 분명한 세부 규칙과 규정에 의존하게 된다.

관료적 경영은 이윤과 손실의 관리가 적용되지 않는 유일한 곳이다.[30]

시장의 투표

소비자들은 구매와 구매하지 않음으로써 매일 반복되는 국민투표로 기업가들을 선출한다. 그들은 누가 소유하고 누가 소유하지 않아야 하는지, 그리고 각 소유자가 얼마나 소유해야 할지를 결정한다.

공직자이건, 직원이건, 친구건, 배우자건 사람을 선택하는 모든 행동이 그렇듯이 소비자의 결정은 경험에 근거하게 되므로 과거를 참고하게 마련이다. 미래에 대한 경험은 없다. 시장의 투표는 바로 직전에 소비자에게 가장 잘한 사람들을 발탁한다. 그러나 그 선택이 불변은 아니다. 매일 수정될 수 있다. 유권자들을 실망시킨 당선자는 곧바로 자리에서 밀려난다.

소비자 투표 하나하나는 당선자들의 활동영역을 아주 조금씩 넓혀준다. 상위 기업가가 되기 위해서는 그는 오랜 기간 많은 득표를 계속 반복하여 얻어야 한다. 오래 지속되는 연속적인 성공제품이 필요하다. 그는 매일 새로운 심판을 받아야 한다. 말하자면 새롭게 재선에 나서야 한다.

이 점은 그들의 계승자들도 마찬가지다. 그들은 대중으로부터 계속해서 인정을 받아야만 자신들의 높은 지위를 유지할 수 있다. 그들의 자리는 취소될 수 있다. 만약 그들이 그 자리를 유지한다면 그것은 선조들의 공적 때문이 아니고 소비자를 최고로 만족시킬 수 있도록 자본을 사용한 그들 자신의 능력 때문이다.

기업가들은 형이상학적 의미에 있어서 완전하지도 선하지도 않다. 그들이 그런 자리를 차지한 것은 순전히 자신들에게 지워진 역할을 다른 사람들보다 더 잘 수행한 덕분이다. 그들이 이윤을 얻은 것은 그들이 업무수행을 잘하기 때문이 아니라 다른 사람들보다 더 잘했거나 덜 어리석었기 때문이다. 그들은 결점이 없는 사람들이 아니므로 종종 실수를 저지른다. 그렇지만 그들은 다른 사람들보다 실수를 덜 하고 잘못을 덜 저지른 사람들이다. 누구도 기업가가 사업을 수행하면서 저지른 실수에 화를 낼 권리도 없으며, 또 만약 기업가가 더욱 능숙하고 선견지명이 있었다면 소비자들이 더 잘 공급받았을 텐 데라고 불평할 권리도 없다. 만약 그 불평꾼이 더 잘 알았다면, 왜 그 자신은 그 차이를 메우고 이윤을 벌 기회를 잡지 못했나? 일이 일어난 후에 예견하기란 정말 쉽다. 돌이켜 생각해볼 때는 바보도 현명해진다.

일반적인 사고의 흐름은 이런 식이다. 기업가가 이윤을 얻는 것은 다른 사람들이 미래의 시장상태를 정확히 예상하는 데 있어서 덜 성공적이었기 때문만이 아니다. 그 자신이 제품을 많이 생산하지 않음으로써 이윤이 나오게 했다. 그러나 그가 의도적으로 생산을 제한하지 않았다면 그 제품의 공급이 많아져서 가격이 생산비용을 초과하는 이윤이 생기지 않는 지점까지 떨어질 수도 있었다. 이런 사고가 그럴듯해 보이는 불완전 및 독점 경쟁 이론의 밑바탕에 깔려 있다. 미국 행정부가 얼마 전에 미국의 철강생산량이 실제 능력에 미치지 못하고 있는 이유를 철강기업들의 탓이라고 비난했던 것도 바로 이런 생각에 근거한 것이었다.

분명하게도 철강생산에 종사한 사람들은 이 생산 분야에 다른 사람들이 똑같이 참여하지 않은 것에 아무런 책임이 없다. 기존 철강회사들에게 철강생산의 독점권을 부여했다면 당국을 비난해야 사리에 맞다. 그러나 그런 특혜가 없는 경우 운영되고 있는 공장을 비난하는 것은 그 나라의 시인이나 음악가에게 더 나은 음악가나 시인이 많지 않다는 사실에 대해 책임을 추궁하는 것과 같다. 만약 시민 자원방위대에 참여하는 사람의 수가 많지 않다는 사실에 대해 누군가 비난받아야 한다면, 비난받아야 할 사람은 이미 참여한 사람들이 아니라 참여하지 않은 사람들이다.

상품 p의 생산이 실제보다 많지 않다는 것은 그 생산 확대에 필요한 생산의 보완 요소들이 다른 상품의 생산에 사용되었기 때문이다. 만약 갖가지 상품 m이 너무 많이 생산되어서 그 과잉 생산으로 인해 지금(생산된 이후) 희소한 생산요소가 낭비되었다는 결과가 초래된 점은 지적하지 않은 채, p의 공급 부족을 말하는 것은 공허한 미사여구에 지나지 않는다. p를 더 생산하지 않고 대신에 m을 과잉 생산해서 결과적으로 손실을 입게 된 기업가들이 실수를 저지르게 된 것은 의도적이지 않았다고 추정할 수 있다.

마찬가지로 p의 생산자들도 의도적으로 p의 생산을 제한하지 않았다. 모든 기업가의 자본은 제한되어 있다. 그는 사람들의 가장 긴급한 수요를 충족시킴으로써 가장 높은 이윤을 낼 것이라고 기대하는 사업에 그 자본을 사용한다.

예를 들어 100만큼의 자본을 쓸 수 있는 기업가가 50은 p의 생산에, 50은 q의 생산에 사용한다고 하자. 만약 두 상품 모두 수익성이 있다면 p를 생산하는 데 더 많이, 예를 들어 75만큼 쓰지 않았다고 비난하는 것은 말도 안 된다. 그가 p의 생산을 늘리려면 그에 대응하는 상품 q의 생산을 줄여야만 한다. 그러나 q에 대해서도 똑같은 잘못이 있을 수 있다. 만약 기업가에게 p를 더 생산하지 않았다고 비난하려면, q를 더 생산하지 않은 것에 대해서도 똑같이 비난해야 한다. 이는 생산요소의 희소성과 이 지구가 무릉도원이 아니라는 사실을 기업가의 탓으로 돌리는 것과 같다.

아마도 불평꾼이 p는 q보다 훨씬 중요한 필수품으로 간주하고, 그러므로 p의 생산은 늘리고 q의 생산을 제한해야 한다는 이유로 항의할지 모르겠다. 만약 이것이 정말로 그가 비판하는 이유라면 그는 소비자들의 가치판단을 무시하는 것이다. 그는 탈을 벗고 자신의 독재적인 열망을 드러내는 것이다. 생산은 사람들의 바람이 아니라 자신의 독재적인 지시에 따라야만 한다고 하는 것이다.

그러나 우리 기업가가 q를 생산해 손실을 본다면 분명히 그의 실수는 예측을 잘못 했었다는 데에 있다. 고의적인 것이 아니었다.

정부의 간섭이나 폭력에 의존하는 단체가 방해하지 않는 시장경제 사회에서 기업가가 되는 길은 누구에게나 열려있다. 불쑥 나타난 사업기회를 활용할 줄 아는 사람들은 언제나 필요한 자본을 발견하게 될 것이다. 왜냐하면 시장에는 자기자본을 가장 유망한 곳에 쓰고자 갈망하고, 가장 수지 맞는 사업을 실행할 수 있는 재능 있는 새로운 사업가를 찾아 동업하려는 자본가들로 가득하기 때문이다.

사람들은 자본 희소성의 의미와 효과를 잘 이해하지 못하기 때문에 종종 이러한 자본주의의 고유한 특성을 알지 못한다. 기업가의 임무는 기술적으로 가능한 다양한 사업 중에서 아직 충족되지 않은 대중의 요구 중 가장 긴박한 요구를 만족시킬 사업을 선택하는 것이다. 자본공급이 충분하지 않은 사업은 실행되어서는 안 된다. 시장에는 항상 비현실적이고 말도 안 되는 계획을 시행해보고 싶어 하는 공상가들이 우글거린다. 바로 이 공상가들은 자본가들이 너무 미련해서 자기들의 잇속밖에 보지 못한다고 늘 불평한다. 물론 투자자들도 자신의 투자선택에 실수를 저지를 수도 있다. 그러나 이런 실수는 확실히 소비자들의 가장 긴박한 수요를 충족시킬 사업보다는 부적당한 사업을 선택했을 경우에 나온다.

사람들은 창조적인 천재가 한 일을 평가함에 있어서 애석하게도 실수를 범한다. 아주 소수의 사람들만이 그 가치를 알고는 시인, 예술가, 사상가의 업적에 올바른 가치를 부여한다. 동료들이 더 나은 평가를 해주었다면 한 천재가 성취할 수도 있었을 일을 동료들의 무관심으로 인해 불가능하게 되는 일이 벌어진다. 계관시인이나 대중 철학자philosopher a la mode가 선택되는 방식은 의문의 여지가 있다.

그러나 자유시장의 기업가 선택에 대해 의문을 제기하는 것은 용납할 수 없다. 특정 상품에 대한 소비자의 선호는 철학자의 판단기준으로 보면 비난거리일 수 있다. 그러나 가치판단은 반드시 항상 개인적이고 주관적이다. 소비자는 자기가 생각하기에 자신을 가장 잘 만족시키는 것을 선택한다. 아무도 다른 사람을 더 행복하게 하거나 덜 불행하게 만들 수 있는 것을 결정하도록 요청받지 않는다. 자동차, 텔레비전, 나일론 스타킹의 유행이 '고차원적인' 관점에서 비판받을 수 있다. 그러나 이런 것들은 사람들이 원하는 것들이다. 사람들은 가장 저렴하게 최고의 품질의 상품을 제공하는 기업가들에게 표를 던진다.

여러 정당과 국가의 사회 및 경제 조직에 관한 정책들 중 선택할 때 대부분의 사람들은 잘 알지 못해 어둠 속을 더듬거린다. 평범한 유권자들은 자신이 지향하는 목적을 달성하기에 적합한 정책과 적합하지 않은 정책을 구별할 수 있는 통찰력이 부족하다. 그는 전체적인 사회정책의 철학을 구성하고 있는 연역적 사고의 긴 연결고리를 검토하지 못해 어쩔 줄 몰라 한다. 그는 기껏해야 해당 정책의 단기적인 효과에 대해 약간의 의견을 가질 수 있을 뿐이다. 장기적인 효과에 관해서는 거의 무지하다. 사회주의자들과 공산주의자들은 원칙적으로 다수결정의 무오류성을 주장하곤 한다. 그러나 그들은 자신들의 신조를 거부한 의회다수를 비난하고, 일당제 하에서 국민들이 정당들 간에 선택할 수 있는 기회를 부정하면서 자신들의 말이 거짓임을 드러낸다.

그러나 상품을 구매하거나 구매하지 않는 것에는 자신의 즉각적인 욕구를 가장 잘 만족시키고 싶어 하는 소비자의 갈망 외에 다른 것은 없다. 소비자들은 정치적 투표에서 유권자들과는 달리 그 결과를 시간이 지난 후에야 나타나는 여러 대안들 중에 선택하는 것이 아니다. 그는 즉각적인 만족을 제공하는 것들 중에 선택한다. 그의 결정은 최종적이다.

기업가들은 소비자, 또는 국민들을 있는 그대로 섬김으로써 이윤을 얻는다. 불평꾼이나 잠재적 독재자의 망상에 따라 그래야만 하는 것으로서 섬기는 것이 아니다.

이윤과 손실의 사회적 기능

이윤은 결코 평범한 것이 아니다. 실제 생산과 대중의 바람을 최대한 만족시키기 위해 사용 가능한 물질적, 정신적 자원을 활용하여 이루어졌어야 할 생산 간의 차이, 즉 불균형이 있을 때에만 이윤이 생긴다. 이윤은 이 불균형을 제거하는 사람들이 받는 보상이다. 이윤은 이 불균형이 완전히 제거되는 순간 사라진다. 균일하게 돌아가는 가공적 경제모형에서 이윤은 존재 하지 않는다. 거기에서 당연히 시간선호를 감안한 생산 보완요소들의 가격들의 합계와 상품의 가격이 일치하게 된다.

앞에서 말한 불균형이 클수록 그것을 제거함으로써 얻는 이윤도 크다. 불균형은 때때로 과도하다고 말할 수 있다. 그러나 이윤에 '과도한'이란 말을 붙이는 것은 부적절하다.

사람들은 기업에 사용된 자본으로 얻은 이윤을 가지고 그 이윤을 자본의 백분율로 측정함으로써 과도한 이윤이란 생각을 하게 된다. 이 방법은 합자회사와 주식회사에서 관행적으로 사용되는 것으로서 총이윤을 개별 동업자와 주주들에게 몫을 할당하는 데 적용된다. 이 사람들은 사업을 실현하는 데 기여한 정도가 각각 다르고, 자신들의 기여 정도에 따라 이윤과 손실을 나눈다.

그러나 이윤과 손실을 낳는 것은 사용된 자본이 아니다. 마르크스가 생각한 것처럼 자본은 '이윤을 낳지' 못한다. 그러므로 자본재는 그 스스로 아무것도 이루지 못하는 죽은 것이다. 그것들이 좋은 아이디어에 따라 활용되면 이윤이 생긴다. 잘못된 아이디어에 따라 사용되면 이윤이 아니라 손실을 초래한다. 이윤이나 손실을 내는 것은 기업가적 결정이다. 궁극적으로 이윤이 창출되는 것은 기업가의 정신, 즉 정신적 행동이다. 이윤이란 시장의 미래 상태를 예측하는데 성공한 정신의 산물이다. 이것은 정신적이고 지적인 현상이다.

이윤을 과도하다고 비난하는 무지함은 쉽게 볼 수 있다. c만큼의 자본을 가진 기업가가 p만큼의 양을 생산하여 비용을 초과한 잉여 수입을 벌 수 있는 가격 s로 팔아 결과적으로 n퍼센트의 이윤을 얻었다. 만약 기업가가 덜 유능했다면 동일한 p의 양을 생산하는 데 $2c$의 자본이 필요했을 것이다. 사용된 자본에 대한 이자가 두 배가 되기 때문에 생산비용이 어쩔 수 없이 올라가는 데, 설명하기 좋게 이 사실을 무시하기로 하자. 그리고 가격 s도 변하지 않는 것으로 가정하자. 그러나 여하튼 가격 s는 c가 아닌 $2c$와 비교될 것이고, 따라서 이윤은 사용한 자본의 2분의 n퍼센트가 될 것이다. '과도한' 이윤은 '적당한' 수준으로 줄게 될 것이다. 왜? 기업가가 비효율적이었기 때문이다. 그의 효율성 부족으로 인해 자본 c가 남아 있어 다른 상품의 생산에 사용할 수 있었다면 동료들이 누릴 수 있었을 이익들이 사라졌기 때문이다.

이윤이 과도하다고 낙인찍고 효율적인 기업가에게 차별적인 세금을 부과하여 처벌함으로써 사람들은 스스로에게 해를 가한다. 이윤에 세금을 매기는 것은 대중에게 성공적으로 잘 봉사한 데다 세금을 부과하는 것과 같다. 모든 생산 활동의 유일한 목표는 가능한 최대의 산출을 낼 수 있도록 생산요소를 투입하는 것이다. 한 상품의 생산에 필요한 투입이 적으면 적을수록 희귀한 생산요소는 다른 상품의 생산에 더 많이 활용될 수 있게 된다. 그러나 이 점을 기업가가 더 성공적으로 수행할수록 그는 비난을 더 많이 받고 더 많은 세금을 낸다. 생산 단위당 비용의 증가, 즉 낭비가 미덕으로 칭송받는다.

이와 같이 생산의 과업, 그리고 이윤과 손실의 기능 및 성격을 완전히 잘못 이해하고 있음을 보여주는 가장 놀라운 증거는 우리가 흔히 믿고 있는 속설, 즉 이윤은 생산비용에 더해진 것이며 오로지 판매자의 결정에 따라 그 크기가 결정된다는 속설에 있다. 이 믿음 때문에 정부가 가격을 통제하게 된다. 많은 정부가 납품되는 품목에 대하여 생산비용에 일정률의 이윤을 붙인 가격에 따라 납품업자와 계약을 맺는 것도 바로 이 믿음 때문이다. 그 효과는 납품업자가 잉여금을 많이 가지면 가질수록 그는 점점 더 불필요한 비용을 줄이지 못한다는 점이다. 이런 형태의 계약 때문에 미국이 양 세계대전에서 지출해야 했던 금액이 엄청나게 늘어났다. 그러나 관료들, 특히 이런저런 전쟁기관에서 근무한 경제학 교수들은 이 문제를 현명하게 다루었다고 자랑했다.

모든 사람들, 비기업가뿐만 아니라 기업가들도 다른 사람들이 번 이윤을 비난한다. 시기심은 인간의 공통된 약점이다. 사람들은 자신들도 성공적인 사업가들이 보인 예견력과 판단력을 가졌다면 그런 이윤을 얻을 수 있었을 것이라는 사실을 인정하기를 꺼린다. 잠재의식적으로 이 사실을 인식할수록 그들의 적개심은 더욱더 격렬해진다.

성공적인 기업가가 팔려고 내놓은 상품을 얻고자 하는 대중의 열망이 없다면 이윤도 없을 것이다. 그러나 이 상품에 경쟁적으로 몰려든 바로 그 사람들이 사업가를 비난하고 그들의 이윤을 부당이득이라고 말한다.

이 시기심의 의미론적 표현은 애써 번 소득과 불로소득간의 차이이다. 그런 표현은 교과서에, 법적 용어에, 행정절차에 침투해있다. 예를 들어 뉴욕 주 소득신고서 양식 201호에 '소득'은 고용인이 받은 보수만을 의미하며, 전문성을 활용하여 얻은 수입을 포함한 기타 모든 수입은 불로소득임을 암암리에 의미하고 있다. 그러한 것이 주지사가 공화당원이고 주 의회가 공화당 다수인 주의 용어이다.

이윤이 고용인들에게 주는 봉급을 초과하지 않는 한 여론도 너그럽다. 모든 초과액은 부당하다고 거부된다. 조세의 목적은 지불능력 원칙하에 이 초과분을 몰수하는 것이다.

이윤의 주 기능 중 하나는 대중의 만족을 위해 가능한 최선의 방법으로 자본을 사용할 줄 아는 사람들에게 자본의 통제를 넘기는 것이다. 어떤 사람이 이윤을 더 많이 낼수록 그에 따라 그의 재산도 점점 더 불어나게 되고, 사업상의 활동에서 그의 영향력도 점차 커진다. 이윤과 손실은 소비자들이 자기들에게 가장 잘 맞추는 사람의 손에 생산 활동의 지휘권을 넘기는 장치다. 이윤을 줄이거나 압수하려고 취하는 조치는 어떤 것이든지 이 기능을 마비시킨다. 그러한 조치들은 소비자들이 생산과정을 제어하는 통제력을 약화시키는 것이다. 사람들의 관점에서 보면 경제의 기계가 비효율적으로 작동하고 대응력도 떨어지는 것이다.

일반인들의 질투심은 기업가의 이윤이 마치 온전히 소비를 위해 사용되는 것처럼 여긴다. 물론 이윤의 일부는 소비된다. 그러나 이윤 중의 아주 일부만을 소비하고 나머지 대부분을 다시 기업에 재투자하는 기업가들만이 사업 영역에서 부와 영향력을 획득한다. 소기업을 대기업으로 만드는 것은 소비가 아니라 저축과 자본축적이다.

발전하는 경제와 쇠퇴하는 경제에서의 이윤과 손실

정체된 경제stationary economy란 개인의 1인당 소득과 부의 변화가 없는 것을 의미한다. 그런 경제에서는 소비자들이 어떤 품목의 구매를 위해 늘린 지출액은 다른 품목의 구매를 위해 줄인 지출액과 같게 된다. 일부 기업가들이 얻은 이윤의 총액은 다른 기업가들이 입은 손실의 총액과 같다.

전체경제에서 벌어들인 모든 이윤의 총액이 모든 손실의 총액보다 큰 경우는 발전하는 경제에서만 있는 일이다. 이는 1인당 자본량이 증가하는 경제를 의미한다. 이 증가는 저축의 결과다. 저축으로 이미 이전에 사용 가능했던 자본재에 새로운 자본재를 추가한 결과다. 자본 증가로 실제 생산 상태와 추가된 자본이 만들 수 있는 상태 간에 괴리가 발생하는 한 가용자본의 증가는 불균형을 야기한다. 추가자본의 발생 덕분에 지금까지 실행할 수 없었던 특정 사업들이 가능하게 된다. 새로운 자본을 이전에 충족되지 못한 소비자의 욕구 중 가장 긴급한 것을 만족시키는 쪽으로 사용하여 기업가들은 다른 기업가들의 손실을 상쇄시켜 버리지 않는 이윤을 창출한다.

추가자본이 만들어낸 이득은 일부만이 저축을 통해 자본을 창출했던 사람들에게 돌아간다. 그 나머지는 노동의 한계생산성을 높이고 그에 따라 임금을 올려 임금과 봉급생활자에게 돌아가고, 한정된 원자재와 식료품의 가격을 올려 토지 소유주들에게 가게 되며, 최종적으로 이 새로운 자본을 가장 경제적인 생산과정에 통합한 기업가에게 돌아간다. 그러나 임금 소득자와 토지 소유주들이 얻는 이익은 계속 존속하지만, 기업가의 이윤은 이러한 통합이 완료되면 사라진다. 그러나 이미 언급했던 바와 같이 불균형이 제거됨으로써 이윤이 얻어지므로 기업의 이윤이 계속 존재하는 이유는 매일매일 새롭게 나타나는 불균형 때문이다.

이해하기 쉽게 일반 경제학에서 사용하는 국민소득의 개념을 사용해보자. 그러면 정체된 경제에서는 명백히 국민소득 중 어느 부분도 이윤이 되지 않는다. 발전하는 경제에서만 총손실보다 많은 총이윤의 잉여가 존재한다. 이윤이 노동자와 소비자의 소득에서 공제된 것이라는 대중의 믿음은 완전히 잘못된 것이다. 만약 우리가 공제라는 용어를 이 문제에 적용하려면 손실보다 많은 이윤의 이러한 잉여뿐만 아니라 임금소득자와 토지소유자들이 얻은 이익이 저축하여 추가 자본을 창출했던 사람들의 이익에서 공제된 것이라고 말해야 한다. 경제발전의 수단, 즉 기술혁신의 사용을 가능하게 하고 생산성과 생활수준을 높이는 것은 바로 그들의 저축이다. 추가 자본을 가장 경제적으로 사용하는 것이 기업가의 활동이다. 자신들이 저축하지 않는 한, 노동자나 토지소유자는 경제적 발전이나 진보라고 할 수 있는 상황을 만드는 데 무엇 하나 기여하지 않는다. 그들은 한편으로는 추가 자본을 창출하는 다른 사람들의 저축 때문에, 다른 한편으로는 가장 긴급한 욕구를 충족시키는 쪽으로 이 추가 자본을 사용하는 기업가의 활동 때문에 이익을 얻는다.

쇠퇴하는 경제는 1인당 자본량이 감소하는 경제이다. 그런 경제에서는 일부 기업가가 입은 손실의 총액이 다른 기업가들이 벌어들인 이윤의 총액을 초과한다.

이윤과 손실의 계산

원래 이윤과 손실은 인간행동학적으로 정신적인 특질의 범주에 속하는 것이지 양적인 용어를 이용해 개별적인 것으로 설명될 수 있는 것이 아니다. 그것들은 모든 것을 포함한 것이다. 달성한 목표의 가치와 목표를 성취하기 위해 사용한 수단의 가치 간의 차이가 플러스면 이윤이고 마이너스면 손실이다.

생산수단의 개인소유뿐만 아니라 노력과 협동의 사회적 분업이 있는 곳에서는 화폐단위로 경제계산이 가능해지고 필요하다. 이윤과 손실은 상호작용의 현상으로서 계산할 수 있다. 물론 궁극적으로 이윤과 손실이 파생되어 나오는 정신적 현상은 계산할 수 없는 모든 것을 포함한 것이다.

시장경제의 틀 안에서 기업가의 이윤과 손실이 산술적으로 계산된다는 사실이 많은 사람들을 오해하게 만든다. 사람들은 이 계산에 들어가는 핵심 요소가 미래의 시장상태에 대한 기업가의 독특한 이해로부터 나오는 예측이라는 것을 알지 못한다. 사람들은 이런 계산이 이해관계가 없는 전문가의 검토와 증명, 또는 수정을 받아야 한다고 생각한다. 사람들은 그러한 계산이 원칙적으로 불확실한 미래 상태에 대한 기업가의 투기적 기대에 내재되어 있는 부분이란 사실을 무시한다.

이 글의 목적을 위해서는 비용계산 문제 중 하나만 언급해도 충분하다. 비용 계산서의 항목들 중 하나는 보통 내구생산설비라고 칭하는 것을 구입하기 위해 지불한 가격과 그것의 현재가치 간의 차이를 검산하는 것이다. 이 현재가치는 이 설비가 미래 수입에 기여할 부분과 등가를 이루는 금액이다. 미래의 시장상태와 이 수입의 크기에 대한 확실성은 없다. 그것들은 기업가의 투기적 전망으로만 결정될 수 있다. 전문가를 끌어들여 기업가의 판단을 그의 자의적 판단으로 대체하는 것은 터무니없다. 실수에 영향을 받지 않기 때문에 전문가는 연연해하지 않는다. 그러나 기업가는 자신의 물질적 복리를 위험에 노출시키고 있다.

물론 법령이 법적 이윤과 손실의 크기를 결정한다. 그러나 이 크기는 경제적 개념의 이윤과 손실과 동일하지 않다. 그것을 혼동해서는 안 된다. 만약 세법으로 어떤 크기를 이윤이라고 칭한다면 사실상 그것은 납세의 수준을 정하는 것이다. 이 크기를 이윤이라고 부른 이유는 법적 조세정책을 대중의 시각에서 정당화하고자함이다. 입법자들이 이윤이란 용어를 빼고 단순히 납세의 계산기준이라고 하는 것이 더 정확하다.

세법은 현재의 세입을 늘리기 위하여 법에서 말하는 이윤을 가능한 한 높게 계산하는 경향이 있다. 그러나 그런 이윤의 크기를 제한하는 경향이 있는 법들도 있다. 많은 나라의 상법이 채권자의 권리를 보호하려는 노력으로 확립되어 왔다. 법적 이윤을 제한하려고 했던 이유는 기업가들이 자신들의 이익을 위해 회사나 기업에서 너무 많은 돈을 빼내어 채권자들에게 손상이 가는 일이 없도록 하기 위함이었다. 이러한 경향이 감가상각 할당량의 관습적 크기에 관한 상업적 용도의 진화에 작용했다.

오늘날 인플레이션 상황 하에서 경제계산의 왜곡 문제를 누누이 논할 필요가 없다. 모든 사람들은 우리 시대의 거대한 인플레이션의 파생물인 이윤 환상의 현상을 이해하기 시작하였다.

이윤 계산의 관습적 방법에 대한 인플레이션의 영향을 파악하지 못한 것은 부당이윤행위profiteering라는 현대적 개념을 만들어냈다. 급격하게 진행되는 인플레이션 하에서 현금으로 계산되는 기업의 손익계산서가 다른 사람들이 '과잉'이라고 생각되는 이윤을 보여준다면 기업가는 부당이득 취득자라고 불린다. 많은 나라에서 그런 부당이득 취득자의 손익계산서를 인플레이션이 없거나 인플레이션이 덜한 통화로 계산했을 때 전혀 이윤이 없을 뿐만 아니라 상당한 손실이 있는 것으로 나타나는 일이 아주 빈번했다.

논의를 위하여 순전히 인플레이션으로 유발된 이윤 환상의 현상을 언급하지 않더라도 부당이득 취득자라는 칭호는 분명히 자의적인 가치판단에 따른 표현이다. 검열관의 개인적 질투와 원한에 따른 것 외에 부당한 이윤과 정당한 이윤을 구별하는 데 사용할 수 있는 기준은 없다.

저명한 논리학자 고 수잔 스테빙Susan Stebbing이 이 문제를 완전히 잘못 이해했다는 것은 참으로 이상한 일이다. 스테빙 교수는 부당이윤의 개념을 극단 사이에 뚜렷하게 선을 그을 수는 없지만 명확히 구별한다는 개념과 동일시했다. 그녀는 초과이윤 또는 부당이윤과 '법적이윤' 간의 차이는 뚜렷하지는 않지만 명확하다고 주장하였다.[31] 그런데 이 차이는 법조문으로 초과이윤이라는 용어를 정의하는 법령에서만 명확하다. 그러나 스테빙 교수가 생각했던 것은 그것이 아니다. 그녀는 그런 법적 정의는 '행정의 실질적인 목적을 위해 자의적인 방식'으로 만들어지는 것이라고 분명하게 강조했다. 그녀는 '법적'이란 용어를 법규나 그 정의에 대한 언급 없이 사용하였다. 그런데 문제의 대상이 법적인 것으로 간주되는 관점을 가지면서 아무런 기준을 언급하지 않은 채 법적이란 용어를 사용하는 것이 허용될 수 있는가? 그리고 개인적 가치판단에 의해 제공되는 것 외에 부당이윤과 법적이윤을 구분할 수 있는 다른 기준은 있는가?

스테빙 교수는 옛 논리학자들의 그 유명한 연역법acervus과 귀납법calvus에 관한 논쟁을 언급했다. 다양하게 함축된 특징에 적용됨으로써 모호해지는 단어들이 많다. 누가 대머리이고 대머리가 아닌지의 사이에 예리한 선을 긋는 것은 불가능하다. 대머리란 개념을 정확히 정의하는 것은 불가능하다. 그러나 스테빙 교수가 알아차리지 못했던 것은 사람들이 대머리와 대머리가 아닌 사람을 구분할 때 정확한 정의를 바탕으로 한다는 사실이다. 그것은 사람의 머리에 머리카락이 있느냐 없느냐이다. 이는 분명하고 모호하지 않은 특징으로서, 머리카락의 존재유무는 관찰로 확인되며, 대머리인지 아닌지가 판명된다. 모호한 것은 단지 대머리가 아닌 사람이 대머리가 되는 기준에 대한 결정이다. 사람들은 그 기준의 결정에 관해 의견을 달리할 수 있다. 그러나 그들의 의견 차이는 대머리란 단어에 어떤 의미를 부여한 관습에 대한 해석이다. 어떠한 가치판단도 들어 있지 않다. 물론 어떤 구체적인 경우에 의견 차이는 편견 때문에 생길 수 있다. 그러나 이것은 또 다른 것이다.

대머리 같은 단어의 모호함은 불특정 숫자나 대명사에 내재 되어있는 것과 동일하다. 사람들 간의 일상 대화에서 수량에 대한 정확한 산술적 관계를 형성하는 것이 불필요하고 너무 귀찮은 경우 그런 단어가 쓰인다. 애매모호함이 의도적이고 명확한 목적을 가진 그런 단어들에게 논리학자들이 정확한 특정 숫자를 연결시키려고 하는 것은 커다란 잘못이다. 시애틀을 방문하는 사람에게는 이 도시에 호텔이 많이 있다는 정보만으로도 충분하다. 그러나 시애틀에서 회의를 개최할 계획을 가지고 있는 위원회는 이용 가능한 호텔 방의 수에 대한 정확한 정보가 필요하다.

스테빙 교수의 오류는 실존적 명제를 가치판단과 혼돈한 데 있다. 그렇지만 않았으면 모두 훌륭한 저술이었을 텐데 그녀가 경제 문제를 잘 알지 못했기 때문에 실수를 저질렀다. 그녀가 잘 아는 분야에서는 그런 실수는 저지르지 않았을 것이다. 그녀는 작가의 '법적 인세legitimate royalties'와 '법적이 아닌 인세illegitimate royalties'간에 명확한 구분을 지을 수 있다고 단언하지 않았을 것이다. 그녀는 인세의 크기는 대중이 얼마나 책을 좋아하느냐에 달려 있고 인세의 크기를 비판하는 사람은 단지 그의 개인적 가치판단을 표현하는 것이라고 이해했을 것이다.

B. 이윤에 대한 비난

경제학과 이윤의 철폐

기업가의 이윤을 '불로소득'이라고 경멸하는 사람들은 그것이 노동자나 소비자로부터, 또는 둘 다로부터 부당하게 거두어들인 이윤이라는 것을 의미한다. 그러한 것은 '노동의 생산물 전체에 대한 권리'를 내세우는 주장과 마르크스주의의 착취이론의 근간을 이루는 생각이다. 모든 정부는 아니지만 대부분의 정부와 우리 동시대 사람들의 대다수가 대체로 이러한 의견을 지지한다고 말할 수 있다. 그들 중 일부는 이윤의 일부를 '착취자'에게 남겨놓아야 한다는 제안을 묵인할 정도로 관대하기는 하다.

윤리적 교훈의 적절성을 따져봤자 소용없다. 그것은 직감에서 나오며 자의적이고 주관적이다. 그것을 판단할 수 있는 객관적 기준이란 없다. 궁극적인 목표는 개인의 가치판단에 따라 선택된다. 그것은 과학적 탐구와 논리적 사고로 결정될 수는 없다. 만약 누군가가 "내 행동과 내 행동의 결과가 어떻게 되든 내가 목표로 하는 것은 바로 이것이다"라고 말한다면 아무도 그와 어떤 논쟁도 벌일 수 없다. 그러나 문제는 그 사람이 정말로 그 목적을 위해 어떤 대가든 치를 것이냐이다. 만약 이 질문에 대한 대답이 '아니오.'라면 이제 관련된 문제에 대한 검토가 가능해진다.

만약 아무리 해로워도 이윤 철폐의 모든 결과를 참아낼 각오가 되어 있는 사람들이 정말로 있다면, 경제학이 그 문제를 다루기는 불가능할 것이다. 그러나 그렇지 않다. 이윤을 철폐하려는 사람들은 이러한 몰수가 모든 비기업가의 물질적 복리를 개선시킬 것이라는 생각에 사로잡혀 있다. 그들의 눈에는 이윤의 철폐는 궁극적인 목표가 아니고 확실한 목적을 달성하기 위한 수단, 즉 기업가가 아닌 사람들을 풍요롭게 하기 위한 수단이다. 이 방법으로 정말 그 목표가 달성될지의 여부, 그리고 이 방법을 사용한 후 일부, 또는 모든 사람들에게 이 방법을 사용하기 전의 상황보다 더 바람직하지 못한 상태를 초래할 수 있는 다른 효과가 나타날지의 여부는 경제학이 검토해야 하는 문제다.

이윤 철폐의 결과

소비자의 이익을 위해 이윤을 철폐해야 한다는 생각에는 기업가가 지출된 생산비용을 초과하지 않는 가격으로 제품을 판매하도록 강요해야 한다는 것이 내포되어 있다. 모든 품목들은 판매해서 이윤을 얻어야 하는데 그러한 가격은 잠재적인 시장가격보다 낮기 때문에 공급 가능한 양이 이 가격에 구매하고 싶어 하는 모든 사람들이 손에 넣을 수 있을 만큼 충분하지 않게 된다. 가격상한제를 실시하면 시장은 마비된다. 시장은 더 이상 소비자에게 제품을 배분할 수 없다. 배급제가 도입되어야만 한다.

종업원들의 이익을 위해서 기업가의 이윤을 철폐해야 한다는 의견이 있는데, 이는 이윤을 없애는 것을 목표로 하지 않는다. 그것은 기업가의 손에서 이윤을 빼앗아 종업원들에게 넘겨주는 것을 목표로 한다.

이런 제도 하에서는 손실이 생기면 그것은 기업가의 몫이고 이윤은 종업원에게 돌아간다. 이런 조치는 아마도 손실은 증가하고 이윤은 사라지게 되는 결과를 초래할 것이다. 여하튼 이윤의 대부분은 소비되고, 저축되어 기업에 재투자되는 것은 줄어들 것이다. 새로운 생산라인에 투자될 자본, 그리고 소비자의 수요에 따라 감소해야 할 분야에서 확장되어야 할 분야로 이전되는 자본도 사라지게 될 것이다. 왜냐하면 특정 산업이나 분야에 사용된 자본을 줄여 그것을 다른 기업이나 분야로 이전하면 그것은 그 기업이나 분야에 고용되어 있는 사람들의 이익을 해칠 것이기 때문이다. 만약 이런 제도가 반세기 전에 도입되었다면 이 시기에 어떤 혁신도 일어나지 않았을 것이다. 논의를 위해서 우리가 자본축적의 문제를 논외로 하더라도, 이윤을 종업원들에게 줘버리는 것은 한번 마련해놓은 생산 상태를 고착시키고 어떠한 조정이나 개선, 그리고 발전도 불가능하게 한다는 것을 인식해야 한다.

사실 이 제도는 투자된 자본의 소유권을 종업원들의 손에 넘겨 줄 것이다. 그것은 그 어떤 저자나 개혁가도 공개적으로 옹호할 용기를 갖지 못했던 신디칼리즘을 만드는 것과 마찬가지이며, 신디칼리즘의 모든 결과를 초래할 것이다.

세 번째 방법은 국가의 이익을 위해 기업가들이 번 이윤 모두를 몰수하는 것이다. 이윤에 대해 100퍼센트 세금을 매기는 것이다. 그렇게 되면 기업가들은 책임지지 않는 공장과 작업장의 관리자가 되어버린다. 그들은 더 이상 구매하는 대중의 주권에 연연해하지 않을 것이다. 그들은 단지 그들 마음대로 생산하는 권력자로 바뀔 것이다.

현대의 모든 정부는 극단적인 사회주의를 채택하지 않고, 이 세 가지 방법을 혼합해 적용하는 정책을 시행한다. 그들은 소비자의 이익을 위한다는 주장을 내세워 다양한 가격통제 수단을 통해 잠재적 이윤의 일부를 몰수한다. 그들은 임금결정의 지불능력 원칙 하에서 기업가 이윤의 일부를 빼앗으려고 하는 노동조합을 지지한다. 그리고 마지막으로 누진적 소득세, 기업소득에 대한 특별세, '초과이윤'세를 통해서 이윤을 몰수하려고 한다. 세입에서 차지하는 이 부분의 비중이 계속 증가하고 있다. 이런 정책들이 계속된다면 금방 기업가의 이윤이 완전히 철폐되는 것을 쉽게 발견할 수 있을 것이다.

이런 정책들이 시행됨으로써 오늘날 이미 혼란이 가중되고 있다. 최종적인 결과는 기업가를 몰아냄으로써 사회주의가 완전히 실현되는 일일 것이다. 이윤이 철폐되면 자본주의는 존속할 수 없다. 자본가들로 하여금 소비자에게 가능한 한 최상의 서비스를 제공하도록 자본을 사용하게 만드는 것이 바로 이윤과 손실이다. 대중을 가장 잘 만족시켜 주는 사람을 사업에서 최고의 위치에 올려놓는 것이 이윤과 손실이다. 이윤이 철폐된다면 결과는 대혼란이다.

반이윤적 주장

반이윤 정책을 선호하여 제시되는 이유를 보면 그것들은 모두 시장경제의 작동을 잘못 이해해 나온 것들이다.

재벌들은 너무 강력하고, 너무 부유하며, 너무 거대하다. 그들은 자신의 부를 위해 권력을 남용한다. 그들은 무책임한 폭군들이다. 기업의 거대함은 그자체가 악이다. 다른 사람들은 가난한데 어떤 사람들이 수백만을 소유해야만 할 이유가 없다. 소수의 부가 대중의 빈곤의 원인이다.

이 열정적인 비난의 말 하나하나가 모두 잘못된 것이다. 사업가는 무책임한 폭군이 아니다. 소비자들에게 기업가들을 지배할 수 있는 힘을 주고 기업가들로 하여금 대중이 원하는 것에 따르도록 만드는 것은 바로 이윤은 내고 손실은 피해야 하는 필요성이다. 기업을 크게 만드는 것은 구매자의 요구를 가장 잘 충족시켜 주는 데 성공한 것이다. 만약 큰 기업이 작은 기업보다 사람들에게 더 잘 봉사하지 못했다면 훨씬 전에 작게 되었을 것이다. 이윤을 증가시켜서 자신을 부유하게 하려는 기업가의 노력에는 나쁠 것이 없다. 사업가가 사업가로서 자신의 역할을 해야 하는 오직 한 가지 과업은 가능한 한 가장 많은 이윤을 추구하기 위해 노력하는 것이다. 막대한 이윤은 소비자에게 서비스를 잘 제공했다는 증거다. 손실은 실수를 저질렀다는 증거, 즉 기업가에게 주어진 과업을 만족스럽게 수행하지 못했다는 증거다. 성공적인 기업가의 부는 그 누군가의 빈곤의 원인이 아니다. 그것은 소비자들이 기업가들의 노력이 없었을 때보다 더 잘 제공받은 결과이다. 후진국에서 볼 수 있는 수백만의 빈곤은 누군가가 부유하기 때문이 아니다. 그것은 그 나라에는 부를 이룬 기업가가 부족하다는 사실과 상관이 있다. 부유한 기업가의 숫자가 많은 나라일수록 일반 국민들의 생활수준이 높다. 모든 사람의 최고의 물질적 이익을 위해서는 생산요소에 대한 통제가 가장 효율적인 방법으로 생산요소를 사용할 줄 아는 사람들의 손에 있어야만 한다.

새로운 백만장자의 출현을 막는 것이 오늘날 모든 정부와 정당정책의 공공연한 목표다. 만약 이 정책이 50년 전에 미국에 도입되었다면 새로운 제품을 생산하는 산업들이 성장하지 못했을 것이다. 자동차, 냉장고, 라디오, 그 밖의 수많은 새로운 제품들이 미국 가정의 기본적인 살림도구가 되지 못했을 것이다.

일반적인 임금소득자는 생산의 사회적 장치를 계속 가동시키고 생산물을 개선하고 증가시키는 데 자신에게 주어진 비교적 단순한 일상적인 일만이 필요하다고 생각한다. 그는 일상적인 일만 하는 사람의 단순한 노력과 수고만으로 충분하지 않다는 것을 알지 못한다. 만약 그들의 근면함과 기술이 기업가의 예측에 따라 가장 중요한 목표를 향해 조종되지 않으면, 또 자본가들의 자본축적의 도움이 없다면 헛되게 사용된다. 미국 노동자가 자기의 높은 생활수준이 자신의 탁월함 때문이라고 믿으면 그것은 큰 오산이다. 그는 서유럽의 노동자보다 더 근면하지도 더 기술적이지도 않다. 월등히 많은 그의 수입은 미국이 유럽보다 훨씬 더 오랫동안 '견고한 개인주의'를 지켜온 덕분이다. 미국이 독일보다 무려 4,50년 후에야 반자본주의 정책을 취한 점도 행운이었다. 그의 임금이 세계의 다른 나라 노동자들의 임금보다 더 높은 것은 미국이 노동자 1인당 자본 설비가 가장 높기 때문이

9. 이윤과 손실

며, 또 미국 기업가가 다른 지역의 기업가들과 달리 그들을 무력하게 하는 통제를 덜 받았기 때문이다. 미국이 비교적 고도의 번영을 이룬 것은 뉴딜정책이 1900년이나 1910년에 실시되지 않고 1933년에 시작되었기 때문이다.

만약 유럽 후진성의 원인을 연구하고자 한다면 유럽에서 미국의 약국 같은 것의 설립을 막고, 연쇄점, 백화점, 슈퍼마켓, 그리고 유사한 상점들을 방해하는 잡다한 법과 규제를 검토하는 것이 필수일 것이다. 자본가의 경쟁으로부터 전통적인 수공업의 비효율적 방식을 보호하기 위해 독일제국이 쏟았던 노력을 연구하는 것도 중요하다. 1880년대 초반부터 계속적으로 산업혁명 이전 시대의 경제구조를 고수하는 것을 목표로 했던 오스트리아 산업정책을 살펴보면 더 잘 드러날 것이다.

번영과 문명, 그리고 임금소득자의 물질적 복리에 대한 최악의 위협은 노조간부들, '친노 경제학자', 그리고 현명하지 못한 노동자들 자신이 생산에서의 기업가의 역할을 제대로 인식하지 못하는 것이다. 이 이해력 부족은 레닌의 글에 나와 있는 고전적인 표현에서 찾아 볼 수 있다. 레닌은 노동자의 수작업과 엔지니어의 설계 외에 생산에 필요한 것은 "생산과 유통에 대한 관리"가 전부인데, 이 일은 "무장한 노동자들"로 쉽게 이뤄질 수 있는 것이라고 보았다. 이것의 회계와 관리는 "자본주의에 의해 극도로 단순화되었다. 그래서 그러한 일들은 지켜보고, 기록하고, 영수증을 발급하는 지극히 간단한 작업이 되어 읽고, 쓰고, 가감승제의 4칙을 알고 있는 사람이면 누구나 할 수 있게 되었다."[32] 더 이상의 설명이 필요한가?

평등주의

자칭 진보와 좌파라는 정당들의 눈에는 자본주의의 주된 악덕은 소득과 부의 불평등이다. 이들 정책의 궁극적인 목표는 평등을 확립하는 것이다.

온건파들은 이 목표를 단계적으로 달성하려고 한다. 급진주의자들은 자본주의 생산방식을 혁명적으로 전복시킴으로써 한 번에 달성하는 것을 도모한다.

그러나 평등을 이야기하고, 또 그 실현을 격렬히 요구하지만 그 누구도 자신의 현재 소득의 삭감을 주장하지는 않는다. 오늘날 정치적 언어로 사용되는 평등이란 단어는 자신의 소득을 올려서 균등하게 만드는 것을 의미하는 것이지 결코 내려서 균등하게 만드는 것을 의미하지 않는다. 그것은 더 많이 가져가는 것을 의미하지, 자신의 부를 덜 가진 사람과 나누어 갖는 것을 의미하는 것이 아니다.

만약 미국 자동차공장의 노동자, 철도노동자, 식자공이 평등을 말한다면, 그것은 그들 자신에게 이익이 되도록 주식이나 채권소유자의 것을 몰수하는 것을 의미한다. 그는 소득이 적은 비숙련공과 나눠 갖는 것을 고려하지 않는다. 잘해야 그는 모든 미국인의 평등을 생각한다. 그는 남아메리카, 아시아, 아프리카의 사람들이 평등의 가설을 국내평등이 아닌 세계평등으로 해석할 수도 있다는 생각은 결코 하지 않는다.

노조운동뿐만 아니라 정치적 노동운동은 현란하게 국제주의를 내세운다. 그러나 이 국제주의는 단지 수사학적 선전행위이지 실질적인 의미는 없다. 평균임금이 다른 지역보다 높은 국가의 노조들은 외국 '동료'와 '형제'들이 자신들의 조합원들과 경쟁하는 것을 막기 위해 넘을 수 없는 이민 장벽을 주창한다. 유럽 국가들의 반이민법과 비교할 때, 미국의 이민법은 정해진 숫자만큼의 사람들에게는 이민을 허용하고 있기 때문에 사실 관대한 편이다. 대부분의 유럽 법에는 그런 일반적인 할당량도 정해져 있지 않다.

한 국가 내에서 소득 평등화에 찬성하여 제기되는 주장들은 정당성이 있든 정당성이 없든 간에 똑같이 세계 평등화를 찬성하는 데에 제기될 것이다. 외국노동자들과 마찬가지로 미국 노동자들은 미국 자본가의 저축을 차지할 권한이 없다. 한 사람이 소비자에게 좋은 서비스를 제공해서 이윤을 얻은 후 그것을 전부 써버리지 않고 아주 많은 양을 다시 산업설비에 투자했을 경우 어느 누구도 자신의 이익을 위해 그 자본을 몰수할 정당한 권한이 없다. 누군가 여기에 의견을 달리한다고 할지라도 어떤 사람이 다른 사람보다 몰수할 권한이 더 크다고 할 근거가 분명히 없다. 미국 경제계의 거물들은 영국, 스코틀랜드, 아일랜드, 프랑스, 독일, 그 외 유럽국가에서 미국으로 이민 온 사람들의 자손들이다. 그 나라 사람들은 미국인들과 마찬가지로 이들이 얻은 재산을 점유할 권한이 있다고 주장한다. 미국 급진주의자들은 자기들의 사회정책이 다른 나라의 급진주의자들의 목표와 같거나 적어도 유사하다고 아주 잘못 알고 있다. 그렇지 않다. 외국의 급진주의자들은 자신들이 특권적 지위라고 생각하는 것을 전 세계 인구의 7퍼센트도 안 되는 소수인 미국인들이 누리는 것을 묵인하지 않을 것이다. 미국 급진주의자들이 기대하는 일종의 세계 정부는 일반 미국인이 중국이나 인도의 노동자들의 평균소득 이상으로 얻는 초과분 모두를 세계 소득세로 몰수하려고 할 것이다. 이 진술의 정확성을 의심하는 사람이 있다면 아시아의 어떤 지적 지도자이든 그들과 이야기를 나누어 보라. 그러면 그런 의심을 떨쳐버릴 것이다.

유전 몰수에 반대하여 영국 노동당 정부가 제시한 이의를 가장 반동적인 자본주의 착취정신의 표출에 지나지 않는 것으로만 여길 이란인은 거의 없다. 오늘날 정부들이 외환통제, 차별적 과세, 기타 유사장치를 통해 외국인 투자를 거의 몰수하지 않는 경우는 그들이 생각하기에 이듬해에 더 많은 외화를 벌 수 있고, 그래서 후에 더 많은 양을 몰수할 수 있을 것으로 예상될 때만 이다.

국제자본시장이 붕괴되고 있는 것은 우리 시대의 반이윤 정서의 가장 중요한 효과 중 하나다. 그러나 이에 못지않게 심각한 것은 사회주의와 공산주의 교리에 자극되어 어느 나라에서든 대중들이 자기나라의 자본가를 바라보는 질투, 시기, 그리고 적개심으로 똑같이 미국(미국 자본가뿐만 아니라 미국 노동자들까지)을 바라보고 있는 세계 인구가 점점 증가하고 있다는 사실이다.

공산주의와 빈곤

정치적 프로그램과 운동을 다루는 통상적인 방법은 사람들이 불만스럽게 여기는 조건과 이러한 프로그램을 실현하여 달성하고자 하는 목표를 언급하면서 설명하고 그것의 대중성을 정당화하는 것이다.

그러나 가장 중요한 것은 관련 프로그램이 추구하는 목적을 달성하는 데 적합한지의 여부이다. 나쁜 프로그램과 나쁜 정책은 결코 납득될 수 없고, 더욱이 그것을 창안한 사람들과 지지자들의 불만족스러운 조건들을 들먹인다고 정당화될 수 없다. 고려해야 할 유일한 문제는 이 정책들이 치유하고자 한 해악을 제거하거나 완화할 수 있는지의 여부이다.

이젠 우리 시대의 거의 모든 사람들은 '공산주의, 사회주의, 그리고 간섭주의와 싸워 이기려면 무엇보다 사람들의 물질적 조건을 개선해야 한다.'고 몇 번이고 되풀이해서 말한다. 사람들을 더 풍요롭게 하는 것을 목표로 하는 것은 정확히 불간섭주의 정책이다. 그러나 사회주의와 간섭주의적인 조치로 빈곤이 더욱 악화되는 한 그것은 성공할 수 없다.

매우 단기적인 관점에서 보면 기업가와 자본가에서 몰수하여 몰수한 것을 나눠주면 일부 사람들의 사정을 개선할 수는 있다. 그러나 「공산당선언」에서조차 '독재적'이고 '경제적으로 불충분하고 지탱할 수 없는' 것으로 묘사한 그러한 약탈적 침해는 시장경제의 작동을 방해하고 곧바로 모든 국민의 사정을 악화시키며, 대중들을 더 잘살게 만드는 기업가와 자본가의 노력을 좌절시킨다. 순간을 위해(즉 초단기적인 관점에서) 좋은 것은 곧 (즉 장기적으로는) 가장 해로운 결과를 초래할 수 있다.

역사가들은 나치의 출현을 설명할 때 독일 국민의 실제, 또는 상상의 역경과 고난을 언급한다. 이는 잘못이다. 독일인들이 '확고한' 히틀러 계획의

25개조 강령을 만장일치로 지지하게 된 것은 그들이 불만족스럽게 여겼던 조건들이 아니고, 이 계획들을 실행하면 자기들의 불만은 제거되고 행복해질 것이라는 기대감이었다. 그들은 상식과 지력이 부족했기 때문에 나치즘에 의지했다. 그들은 나치즘이 그들에게 가져다 줄 재난을 제때에 인식할 만큼 사려분별이 있지 않았다.

자본주의 국가의 생활수준과 비교하면 세계인구의 대다수는 극도로 가난하다. 그러나 이러한 빈곤이 공산주의 프로그램을 채택하려는 그들의 성향을 설명해주지 않는다. 질투에 눈이 멀고, 무지하고 너무 우매해서 빈곤의 원인을 정확히 인식할 수 없기 때문에 반자본주의적이 된다. 그들의 물질적 여건을 개선할 방법은 하나밖에 없다. 그것은 자본주의만이 그들을 더 풍요롭게 할 수 있다고 믿는 일이다.

공산주의와 싸우는 방법 중 최악의 것이 마셜플랜이다. 그것은 수혜자들에게 유일하게 미국은 이윤제도의 보존에 관심이 있겠지만 그들 자신들의 여건은 공산주의 체제를 필요로 한다는 인상을 준다. 그들은 미국 국민들이 나쁜 마음을 가지고 있기 때문에 자기들을 도와준다고 생각한다. 그들은 스스로 이 구호금을 챙기지만 사회주의 제도에 공감한다. 미국의 보조금 때문에 그들 정부가 채택한 다양한 사회주의 방식들의 비참한 결과들이 부분적으로 감춰지게 된다.

사회주의의 근원은 가난이 아니라 그럴듯한 이념적 선입관이다. 우리시대 사람들은 대부분 연구한 적도 없으면서 경제학의 모든 가르침을 선험적 난센스라고 사전에 거부한다. 그들은 단지 경험만이 의지할 수 있다고 한다. 그러나 사회주의를 지지할 경험이 있는가?

사회주의자는 이렇게 반격한다. '그렇지만 자본주의가 빈곤을 만든다. 인도와 중국을 보라.' 그 반격은 헛된 것이다. 인도나 중국은 한 번도 자본주의를 실시해 본적이 없다. 그들의 빈곤은 자본주의가 부재한 결과이다.

이 나라들과 다른 저개발국가에 일어난 일은 자본주의적 생산방식은 채택하지 않은 채 해외로부터 일부 자본주의 결실의 이익을 얻었다는 점이다. 유럽과 최근 몇 년 동안 미국 자본가들은 그들 지역에 자본을 투자했고, 그리하여 노동의 한계생산성과 임금을 증가시켰다. 동시에 그 국민들은 외국으로부터 전염병과 싸우는 수단인 자본주의 국가에서 개발한 의약품을 받아들였다. 결과적으로 사망률, 특히 영아사망률이 크게 떨어졌다. 자본주의 국가에서는 출생률 감소 때문에 이 평균수명의 연장이 일부 상쇄되었다. 자본축적의 증가가 인구 증가보다 더 빨랐기 때문에 1인당 자본량은 계속 증가했다. 그 결과는 지속적인 번영이었다. 그러나 자본주의로 전환하지 않은 채 자본주의의 일부 효과만을 향유한 나라에서는 달랐다. 출생률이 1인당 자본량을 증가시키는데 필요한 정도로 감소하지 않았거나, 전혀 감소하지 않았다. 이 국가들은 정책을 통해 외국자본의 수입과 국내 자본의 축적을 막았다. 높은 출생률과 자본이 증가하지 않은 결과는 물론 빈곤의 증가였다.

인간의 물질적 복리를 증가시키는 길은 하나뿐이다. 그것은 인구대비 자본 축적의 증가를 가속화하는 것이다. 아무리 정교하게 심리학적으로 연구한 것이라 해도 결코 이 사실을 바꿀 수 없다. 추구하는 목적을 달성하지 못할 뿐 아니라 여건을 더욱 심각하게 악화시키는 정책의 추구에 대해서는 어떠한 변명의 여지도 없는 것이다.

이윤동기의 도덕적 비난

이윤 문제가 제기되는 순간 사람들은 그것을 행동학적 영역에서 윤리적 가치판단의 영역으로 바꾼다. 그리고는 모든 사람들이 성자와 금욕자의 뒤에 비치는 둥근 빛을 찬양한다. 그 자신은 돈과 물질적 행복에 관심이 없다. 그는 사람들에게 능력껏 최선을 다하여 이기심 없이 봉사한다. 그는 부귀보다 더 높고 고귀한 것을 추구한다. 감사하게도 그는 이기적인 폭리취득자가 아니다.

사업가들이 마음속으로 품고 있는 것이 오직 성공하는 것이기 때문에 비난을 받는다. 그렇지만 행동하는 모든 사람은 분명한 목적의 달성을 목표로 한다. 예외가 없다. 성공 아니면 실패다. 실패를 원하는 사람은 아무도 없다. 덜 만족스러운 상태를 더 만족스러운 상태로 바꾸려고 끊임없이 추구하는 것이 인간본성의 핵심이다. 좋은 사람과 사기꾼을 구분 짓는 것은 그들이 추구하는 목표와 그 목표달성을 위해 사용하는 수단의 차이이다. 그러나 그들은 모두 각자의 기준에서 성공하고자 한다. 성공을 목표로 하는 사람과 그렇지 않은 사람을 구분하는 것은 논리적으로 허용되지 않는다.

실질적으로 모든 사람들은 자기 생존의 물질적 여건을 개선하는 것을 목표로 한다. 농부, 노동자, 점원, 교사, 의사, 목사, 그 밖의 모든 직업에 종사하는 사람들이 가능한 한 많이 버는 데에 대해서 여론은 적대적이지 않다. 그러나 기업가나 자본가는 탐욕적이라고 비난한다. 소비자들은 기업이 제공하는 모든 재화는 아무런 양심의 가책도 없이 즐기면서 제품을 제공한 사람들의 이기심을 날카롭게 비난한다. 소비자는 기업가들이 팔아야만 하는 물건을 얻으려고 앞 다퉈 경쟁하여 자기 자신이 그들의 이윤을 만들어 주었다는 사실을 알지 못한다.

보통사람은 기업가들이 자신에게 가장 잘 봉사하도록 기업가의 활동을 유도하기 위해서는 이윤이 없어서는 안 된다는 점을 이해하지 못한다. 그는 이윤을 얻은 사람이 자기보다 더 많은 것을 소비할 수 있도록 해주는 것이 이윤의 유일한 기능인 것처럼 생각한다. 그는 이윤의 주기능이 자신의 목적을 위해 생산요소들을 가장 잘 사용해주는 사람들의 수중으로 생산요소의 통제권을 넘겨주는 것이라는 점을 알지 못한다. 그는 도덕적인 이유로 기업가가 되는 것을 포기했던 것이 아니다. 자기가 생각한대로 그는 기업가로서 필요한 능력이 부족했기 때문에, 혹은 아주 드문 경우로 취향이 자신을 다른 직업의 길로 가게 했기 때문에 더 약소한 보수를 주는 직책을 선택했던 것이다.

인류는 과학적 열정, 인도주의자의 열정, 또는 종교적 신념으로 자기들의 삶과 건강, 부를 희생하며 동료들에게 봉사한 예외적인 사람들에게 감사해야 한다. 그러나 속물들은 자기 자신을 의료X선을 개발한 선구자나 전염병에 걸린 사람들을 돌보는 수녀들과 비교하는 자기기만을 저지른다. 보통의 내과의사가 의사 직업을 선택하게 하는 것은 금욕이 아니고 존경받는 사회적 지위와 적당한 수입에 대한 기대다.

모든 사람들은 현 상황이 허락될 수 있는 만큼의 자기의 서비스와 성취에 대해 값을 매기려고 한다. 이런 점에 있어서 한쪽 편에 있는 노동자(노조원이든 비노조원이든), 목사, 교사와 다른 한쪽 편에 있는 기업가 간에 아무런 차이가 없다. 그 누구도 마치 아시시의 성 프란치스코인 것처럼 말할 권리가 없다.

도덕적으로 옳고 그른 것에 관한 기준은 다름 아닌 바로 사회적 협동에 대한 행동으로 발생한 효과다. 가설적인 고립되고 자급자족하는 개인은 행동함에 있어 자기 자신의 행복 외에는 어떤 것도 고려할 필요가 없을 것이다. 사회적 인간은 모든 행동에서 사회적 협동 시스템의 원활한 작동을 위태롭게 할 행동을 하지 말아야 한다. 그 도덕률을 준수함에 있어 인간은 계층, 정부, 국가, 민족, 인류라고 하는 추상적 상위기구의 것들을 위해 자기의 관심사를 희생하지 않는다. 그는 자신의 이익(제대로 이해되거나 장기적인)을 최대한 얻기 위해 자신의 단기적 관심사인 본능적 충동, 욕구, 탐욕을 억제한다. 그는 훗날의 더 큰 만족을 놓치지 않기 위해 순간적으로 얻을 수 있는 작은 이득을 포기한다. 모든 인간의 목표 달성은, 그것이 무엇이건, 사회적 유대와 인간 간 협동의 유지와 진전에 달려있기 때문이다.

사회적 협동을 강화하고 더 많은 사람들을 생존하게 하며, 또 높은 생활 수준을 누릴 수 있도록 하는 데 없어서는 안 될 수단은 도덕적으로 옳고 사회적으로 바람직한 것이다. 이 원리를 비기독교적이라고 거부하는 사람들은 다음 문장을 숙고해 보아야 한다. "너의 주 하느님께서 너희에게 주신 땅에서 너희의 날들은 길리라." 자본주의는 인간의 삶을 자본주의 이전 시대보다 길게 해주었다는 것을 그들은 절대로 부정할 수 없을 것이다.

자본가와 기업가가 이윤을 얻는 것을 부끄러워할 이유가 없다. 몇몇 사람들이 "미국 기업의 성과는 좋은데 이윤은 그리 높지 않다"고 말하며 미국 자본주의를 방어하려고 하는 것은 어리석은 일이다. 기업가의 기능은 이윤을 만드는 것이다. 높은 이윤은 그들이 생산의 불균형을 제거하는 임무를 잘 수행했다는 증거다.

물론 일반적으로 자본가와 기업가가 금욕의 덕목에서 뛰어난 성인은 아니다. 그러나 그들의 비판가들 역시 성자가 아니다. 성자들의 숭고한 절제로 인한 모든 면을 고려해 볼 때 세상이 물질적 부를 추구하는 데 관심을 갖지 않는 사람들만으로 가득했다면 세상은 상당히 황량한 상태에 놓였을 것이라고 말하지 않을 수 없다.

정태적 사고방식 Static Mentality

보통 사람은 삶과 행동의 조건이 끊임없이 변화한다는 것을 잘 깨닫지 못한다. 자신의 행복을 구성하는 외부 변수들이 변하지 않는다고 본다. 그의 세계관은 정태적이고 고정되어 있다. 그것은 정체된 환경을 반영한다. 그는 과거가 현재와 다르다는 것도, 미래의 일에 불확실성이 만연하다는 것도 알지 못한다. 그는 이 불확실성을 알지 못하기 때문에 기업가 정신의 기능을 전혀 상상하지 못한다. 부모가 주는 것들을 아무 의문 없이 받는 아이들처럼 그는 기업이 제공하는 모든 재화들을 손에 넣는다. 그는 그가 필요로 하는 모든 것을 제공하는 노력을 알지 못한다. 그는 자본축적과 기업가적 결정의 역할을 무시한다. 그는 단순히 그가 즐기고 싶은 모든 것을 가득 채운 요술탁자가 한 순간에 나타난다고 당연하게 여긴다.

이러한 사고방식은 사회주의화라는 대중적 사고에 반영되어 있다. 일단 기생충 같은 자본가와 기업가가 쫓겨나면 그 자신은 그들이 소비해왔던 모든 것을 소유하게 될 것이다. 그러나 그러한 분배로 각 개인이 받을 수 있는(만약 있다면) 소득의 증가를 터무니없이 과대평가하는 것은 이러한 기대의 작은 오류에 지나지 않는다. 더 심각한 것은 유일하게 필요한 것이 사회주의화하던 당시 생산하는 재화를 지금까지 생산되던 방식으로 여러 공장에서 계속 생산하는 것이라고 가정한다는 사실이다. 매일 끊임없이 변화하는 상황에 맞게 생산량을 새롭게 조정해야 할 필요성은 고려하지 않는다. 아마추어스러운 사회주의자는 50년 전에 실현되었던 사회주의는 오늘날 존재하는 것과 같은 기업구조가 아닌 다른 기업구조를 사회주의화하였을 것이라는 점을 이해하지 못한다. 그는 최고의 서비스를 제공하기 위해 계속해서 사업을 변형시키는 데에 필요한 엄청난 노력을 생각조차 않는다.

생산 활동의 핵심 문제를 이해하지 못하는 아마추어스러운 무능력은 마르크스와 엥겔스의 저술에만 나타난 것이 아니다. 현대 사이비 경제학자들의 저술에도 못지않게 스며있다.

균일하게 돌아가는 경제의 가상적 구조는 경제학적 사고에 없어서는 안 될 정신적 도구다. 이윤과 손실의 기능을 이해하기 위해 경제학자는 실현될 수 없을지라도 아무것도 변하지 않고, 내일은 어제와 전혀 다르지 않으며, 결과적으로 불균형은 일어날 수 없고 사업 활동에 있어 어떤 변화의 필요성도 발생하지 않는 가상 상태의 이미지를 구축하고 있다. 이런 가상 구조 안에서는 기업가도, 기업가적 이윤과 손실도 없다. 수레바퀴가 그대로 저절로 돌아간다. 그러나 사람들이 살고 일해야만 하는 현실 세계는 이런 정신적 임시변통의 가상 세계를 결코 복제하지 않는다.

수리경제학자들의 가장 큰 단점은 그들이 정태상태라 부르는 균일하게 돌아가는 경제를 마치 진짜로 존재하는 것처럼 다루고 있다는 점이다. 경제는 수학적 방법으로 다루어져야 한다는 오류에 사로잡혀서 그들은 연립

미분방정식으로 설명을 하려는 정태상태의 분석에 모든 노력을 쏟는다. 그러나 이런 수학적 처리는 경제학의 실제 문제를 사실상 다루지 못한다. 결국 인간의 행동이나 생산의 문제를 이해하는 데 아무 도움도 주지 못하고 아주 쓸모없는 수학적 놀이에 빠지게 된다. 마치 정태상태의 분석이 경제학의 주관심사였던 것인 양 오해를 불러일으킨다. 단지 사고의 보조수단을 현실로 혼동한다.

수리경제학자들은 단지 자신의 인식론적 편견에 눈이 멀어 경제학의 과제가 무엇인지를 보지 못하고 있다. 그는 정태상태에서 사회주의는 실현 가능하다는 것을 보여주지 못해 안달이다. 그 자신이 인정하듯이 정태상태는 실현 불가능하기 때문에, 이것은 단지 사회주의가 실현 불가능한 세계 안에서 실현될 수 있을 것이라고 주장하는 것에 지나지 않는다. 모든 대학에서 강의되었고, 수많은 교과서와 책자, 수십 권의 과학 잡지라는 데에 실렸던 수백 년에 걸쳐 수백의 저자들이 이룩한 실로 매우 값진 연구들의 결과가 있다!

정태 경제란 없다. 정태 상태와 정태 균형의 이미지에 집착해 도출된 결론들은 모두 현재와 앞으로의 세계를 논하는 데에 아무런 소용이 없다.

대안

생산수단의 사적 통제에 기초한 사회적 질서는 기업가의 행동과 기업가의 이윤은 물론, 기업가의 손실 없이는 작동할 수 없다. 어떤 방법을 사용해서건 이윤을 없앤다면 사회를 틀림없이 무분별한 혼란 상태로 빠뜨릴 것이다. 모든 사람을 가난하게 만들 것이다.

사회주의 시스템에서는 기업가도, 기업가의 이윤과 손실도 없다. 그러나 사회주의 연방의 최고 책임자도 자본주의 하에서 기업가가 하는 것처럼 비용을 초과하는 수익을 얻기 위해 노력해야 할 것이다. 사회주의를 다루는 것이 이 글의 목적이 아니다. 그러므로 어떤 종류의 경제적 계산도 적용할 수 없는 사회주의의 최고 책임자가 자기 운영의 비용과 수익이 얼마인지를 결코 알지 못할 것이라는 점을 강조할 필요는 없다.

이 글에서 보여주고자 하는 것은 가능한 제3의 제도가 없다는 사실이다. 기업의 이윤과 손실이 없는 비사회주의 제도와 같은 것은 결코 없다. 자본주의 제도에서 이윤을 제거하려는 노력은 파괴적일 뿐이다. 그런 노력은 자본주의를 붕괴시키고 그 자리는 그 무엇으로도 채워지지 않는다. 그런 노력이 혼란을 초래한다고 주장하는 이유가 바로 여기에 있다.

인간은 자본주의와 사회주의 중에 선택을 해야 한다. 기업가의 이윤이 없는 자본주의 제도를 채택함으로써 이 딜레마를 피할 수 없다. 이윤을 제거하는 방향으로 한발 한발 옮겨갈 때마다 사회가 붕괴되는 길로 다가간다.

또한 자본주의와 사회주의 간에 선택함에 있어 사람들은 암묵적으로 마르크스가 말한 '상부구조', 즉 각 시스템에 필요한 부산물인 모든 사회적 제도들 중에서 선택한다. 만약 생산에 대한 통제가 소비자의 투표에 의해서 매일 새롭게 선택되는 기업가의 손에서 '산업군대industrial armies'(마르크스와 엥겔스)'나 '무장한 노동자armed workers'(레닌)의 최고 명령자의 손으로 넘어간다면, 대의 정치도 어떤 시민의 자유도 유지될 수 없다. 자칭 이상주의자들이 맞서 싸우는 월 스트리트Wall Street는 단지 상징일 뿐이다. 그러나 모든 체제 반대자들이 영원히 사라지는 소련의 감옥의 벽wall은 엄연한 사실이다.

10

임금, 실업, 인플레이션[33]

시장경제, 또는 자본주의라고 하는 우리 경제시스템은 소비자 우위의 시스템이다. 고객이 왕이다. 일반적인 표어처럼 고객은 '항상 옳다.' 사업가는 소비자가 요구하는 것을 만들도록 강요받고 자신의 상품을 소비자가 지불할 수 있고 지불하려고 하는 가격에 팔아야만 한다. 판매수익이 상품의 생산에 들어간 모든 비용을 보상하지 못하면 그 사업은 명백한 실패다. 그러므로 특정 가격에서 구매하는 소비자들은 업종에 종사하는 모든 사람들에게 지불되는 임금의 크기도 결정한다.

임금은 결국 소비자가 지불한다

구매하는 대중의 판단에 따르므로 고용주는 종업원의 노동이 상품에 부가하는 가치에 해당하는 것 이상으로 종업원에게 지불할 수 없다는 결론이 나온다. (이것이 영화배우가 파출부보다 많이 버는 이유이다). 만약 그가 더 지불한다면 구매자들로부터 경비를 되찾지 못할 것이고, 손실을 보게 될 것이고, 결국 파산하고 말 것이다. 임금을 지불함에 있어 고용주는 이를테면 소비자들의 위임자로서 행동한다. 임금 지불의 범위는 바로 소비자들에게 달려있다. 생산된 대부분의 재화는 임금과 봉급을 받는 사람들에 의해 구매되고 소비되므로, 자신의 소득을 소비함으로써 임금소득자와 종업원들 자신이 자신들뿐만 아니라 자신들과 같은 사람들이 받을 보상의 크기를 정하는 데 가장 주요한 위치에 있음이 분명하다.

선진국의 임금이 높은 이유

구매자들은 노동자가 치른 노력과 수고, 일하는 데에 쏟은 시간의 길이에 값을 치르는 것이 아니다. 그들은 상품에 값을 치르는 것이다. 노동자들이 작업에서 이용하는 도구가 좋으면 좋을수록 시간당 작업량은 많아질 것이며, 결과적으로 그의 급료는 높아질 것이다. 임금을 오르게 하고 임금소득자의 물질적 조건을 더 만족스럽게 해주는 것은 기술 장비의 개선이다. 미국의 임금이 다른 나라보다 높은 것은 노동자 1인당 투자된 자본량이 더 많고, 그에 따라 공장들이 가장 효율적인 도구와 기계를 갖추고 있기 때문이다. 이른바 미국의 생활방식은 미국이 다른 국가들보다 저축과 자본축적을 방해하는 장애물을 적게 두었던 결과이다. 인도와 같은 나라의 경제적 후진성은 정확히 국내자본의 축적과 외국자본의 투자를 방해하는 정책에 있다. 필요한 자본이 부족하므로 인도의 기업들은 현대적 장비를 충분히 사용하지 못하고, 따라서 인시(人時)당 생산량이 훨씬 적으며, 미국 임금에 비해서 엄청나게 낮은 임금만을 지불할 수 있다.

임금 소득자들의 생활수준을 향상시킬 있는 유일한 방법은 자본 투자량을 늘리는 것이다. 그 외에 다른 방법들은 아무리 인기가 있다 하더라도 쓸데없을 뿐만 아니라 실제로는 그것으로 이익을 주고자 했던 사람들의 복리를 해친다.

지속적인 실업의 원인

근본적인 질문은 이것이다. 일자리를 찾고 있는 모든 사람들의 임금을 간섭받지 않는 노동시장에서 받을 수준 이상으로 인상하는 것이 과연 가능한가?

여론은 노조와 다양한 법적 조치가 임금소득자의 여건을 개선한다고 믿는다. 그들은 임금의 상승 및 노동시간의 감소, 미성년 노동의 소멸과 기타 변화가 노조주의와 입법의 덕분이라고 한다. 이러한 믿음이 확산됨에 따라 노조주의가 만연하고, 지난 20년간 노동입법들이 대거 들어서게 되었다. 사람들이 노조주의 덕분에 생활수준이 높아졌다고 생각하기 때문에 그들은 노조의 폭력과 강제, 협박을 묵인하고 유니온 숍union-shop이나 클로즈드 숍closed-shop 조항에 들어있는 있는 개인의 자유가 줄어드는 것에 무관심하다. 이런 오해가 유권자들의 마음에 만연해 있는 한, 진보라고 잘못 부르고 있는 정책들을 단호하게 떨쳐내는 것을 기대하는 것은 헛수고다.

그러나 이 대중적인 교리는 경제현실의 모든 측면을 잘못 다루고 있다. 일자리를 구하려고 하는 사람들 모두를 고용할 수 있는 임금은 노동의 한계생산성에 달려 있다. 다른 것들이 일정할 때, 자본이 많이 투자 될수록 자유노동시장에서, 즉 정부나 노조에 의해 조작되지 않는 노동시장에서, 임금이 오른다. 이러한 시장임금에서 노동자를 고용하고자 하는 사람들은 모두 자기들이 원하는 만큼 고용할 수 있다. 이런 시장임금에서 일하고자 하는 사람들은 모두 일자리를 얻을 수 있다. 자유노동시장에서는 일반적으로 완전고용이 성취된다. 자유시장이 임금 수준을 결정하게 하는 정책이 사실상 유일한 합리적이고 성공적인 완전고용정책이다. 만약 노조의 압력이나 강제, 또는 정부의 규제로 임금이 이 수준보다 인상되면 일부 잠재 노동력의 지속적인 실업이 발생한다.

신용팽창은 자본의 대체재가 아니다

노조 간부들과 그들을 지지하는 정치가들, 그리고 자칭 지식인이란 사람들은 이런 의견을 강력하게 거부한다. 그들이 실업을 치유하는 만병통치약이라고 추천하는 것은 완곡하게 '확장 통화정책'이라고 불리는 신용팽창과 인플레이션이다.

앞에서 지적한 바와 같이 이전에 축적된 사용가능한 자본스톡이 증가해야 산업의 기술 장비가 더욱 개선되고, 그리하여 노동의 한계생산성이 향상되며, 결과적으로 임금이 올라간다. 그러나 지폐를 추가로 발행하거나 수표발행은행구좌에 추가로 신용을 부여하는 신용팽창은 국가의 부(富)인 자본재를 조금도 증가시키지 않는다. 이는 단지 생산 확대에 사용할 수 있는 자금이 증가했다는 환상만을 만들 뿐이다. 더 싸게 신용을 얻을 수 있기 때문에 사람들은 국가의 부가 늘었고, 그리하여 전에는 실행할 수 없었던 계획들을 실행할 수 있게 되었다고 잘못 생각하게 된다. 이런 계획들의 실행으로 노동력과 원자재에 대한 수요가 증가하고 임금과 상품가격이 오른다. 인위적인 붐이 일어나기 시작한다.

이런 호황 상태 하에서 신용팽창 이전에는 시장조건에 비해 너무나 높아서 일부 잠재 노동력의 실업을 초래한 명목임금은 이젠 그리 높은 것이 아니게 되어 실업자들이 다시 일자리를 얻을 수 있게 된다. 그러나 이런 일이 일어난 이유는 단지 변화된 통화량과 신용 상태 하에서 물가가 오르기 때문이다. 달리 표현하면 화폐 단위의 구매력이 떨어지기 때문이다. 그러나 동일한 수준의 명목임금, 즉 화폐로 표시된 임금은 실질임금 측면, 즉 화폐 단위로 구매할 수 있는 물품의 양의 측면으로 보면 줄어들게 된다. 인플레이션으로 실업문제를 해결할 수 있지만 그것은 임금소득자의 실질임금을 깎는 방법으로만 가능하다. 그러나 그렇게 되면 노조는 생활비 증가에 보조를 맞추기 위해 새로운 임금 인상을 요구하고 우리는 다시 이전의 상태,

즉 추가적인 신용팽창을 통해서만 대량실업을 막을 수 있는 상황으로 되돌아가게 된다.

이것은 과거에 다른 나라는 물론 미국에서도 일어났던 일이다. 정부의 지지를 받은 노조는 기업이 잠재적 시장수준, 즉 사람들이 제품을 구입하여 고용주에게 보상할 채비를 하고 있는 수준 이상의 임금에 합의하도록 강요했다. 아니나 다를까 이것은 실업을 증가시키는 결과를 초래했다. 그러나 정부정책은 신용팽창, 즉 인플레이션을 통해 심각한 실업의 발생을 막으려고 했다. 그 결과는 물가 상승, 임금인상 요구 재개, 신용팽창 반복이었다. 요컨대 장기 인플레이션이었다.

인플레이션은 끝없이 지속될 수 없다

그러나 종국에 가서 당국자들은 겁을 먹게 된다. 그들은 인플레이션이 끝없이 지속될 수 없다는 것을 안다. 만약 누군가 화폐와 신용수단의 양을 증가시키는 파괴적인 정책을 적기에 그만두지 않으면 국가의 화폐제도는 완전히 무너지게 된다. 화폐단위의 구매력은 실제로 0에 지나지 않는 수준까지 떨어진다. 이런 일은 1781년 대륙통화Continental Currency의 미국에서, 1796년 프랑스에서, 1923년 독일에서 반복적으로 일어났다. 국가가 인플레이션이 하나의 생활 방식으로서 고려될 수 없고 건전한 통화정책으로 복귀하는 것이 필수적이라는 것을 빨리 알아차릴수록 좋다. 이 사실을 인식하여 미국의 행정부와 연방준비 당국은 얼마 전 점진적인 신용팽창 정책을 중단했다.

인플레이션 정책의 중단으로 나올 모든 결과를 다루는 것이 이 짧은 글의 목적은 아니다. 우리는 통화안정성으로 복귀하는 것이 위기를 초래하지 않는다는 사실을 확증하기만 하면 된다. 그것은 단지 통화팽창 정책으로 만들어진 환각적 번영의 환영 속에서 저지른 잘못된 투자와 다른 실수를 밝혀준다. 사람들은 저질러진 오류를 알게 되고, 더 이상 값싼 신용의 유령에 눈멀지 않게 되며 물적 생산요소 공급의 실제 상태에 맞춰 자신들의 행동을 재조정하기 시작한다. 불황은 바로 이 정말로 고통스러운, 그렇지만 피할 수 없는 재조정 과정이다.

잘못된 관행의 반복

환상을 버리고 현실에 대한 냉철한 평가로 복귀하는 이 과정에서 생긴 유쾌하지 않은 특성 중의 하나는 임금 수준에 관한 것이다. 지속적인 인플레이션 정책의 영향으로 노조의 간부들은 정기적으로 임금인상을 요구하고 기업은 잠깐 저항하는 척하다가 양보해버리는 습관이 생겼다. 그 결과 이러한 임금은 그 시점에서 시장상태에 비해 너무 높았고 많은 실업을 초래했다. 그러나 지속적인 인플레이션은 그치지 않고 뒤를 이었다. 그러면 노조는 다시 새로운 임금 인상을 요구하고, 똑같은 일이 계속 반복되었다.

소득주도성장 주장이 불러오는 재앙

노조와 그 추종자들이 자기들의 주장을 지지하기 위해 내세우는 정당성이 어떤 유형인지는 중요하지 않다. 고용주로 하여금 수행한 일에 대해 소비자가 제품을 구매함으로써 고용주에게 되돌려주려고 하는 것보다 높은 수준으로 보상하도록 강요하는 것의 피할 수 없는 효과는 언제나 같다. 실업의 증가다.

이 단계에서 노조는 오래된 이야기, 즉 수백 번 논박된 구매력 이야기를 들고 나온다. 그들은 임금을 인상하고, 실업자들에 대한 혜택을 늘리고, 새로운 공공사업을 착수하는 방법으로 임금소득자의 손에 더 많은 돈을 쥐어주면 노동자들이 더 많이 소비할 수 있게 되고, 그 결과 기업을 자극해서 경제를 불황에서 호황으로 전환시킬 것이라고 주장한다. 이것은 지폐 발행을 통해 모든 사람을 행복하게 만든다는 의사(疑似) 인플레이션주의다. 물론 통화수단의 양이 증가하면 그 새로운 가공의 부가 주머니에 들어온 사람들은, 그들이 노동자건, 농부건, 그 누구건 간에, 소비를 늘릴 것이다. 그러나 바로 이 소비증가가 필연적으로 전반적인 물가상승, 똑같은 내용이지만 달리 표현하면 화폐단위의 구매력을 떨어뜨린다. 따라서 통화 증가를 통해 임금소득자에게 줄 수 있는 도움은 잠깐뿐이다. 영구화하려면 계속 새로운 통화량을 늘려야만 한다. 이것이 재앙을 불러오리라는 것은 자명하다.

통화팽창이 인플레이션의 원인

이에 관해서 허튼소리들을 많이 한다. 임금인상이 '인플레이션을 유발'한다고 하는 사람들도 있다. 그러나 임금인상 그 자체가 인플레이션을 유발하지 않는다. 유통되는 통화량과 수표발행에 의한 신용(수표책의 돈) 증가인 인플레이션(통화팽창)이 아니고는 인플레이션을 유발하는 것은 없다. 그리고 현재 상황 하에서는 정부 이외에 아무도 인플레이션을 유발할 수 없다. 노조가 고용주에게 잠재 시장수준보다 높은 임금을 받아들이라고 강요함으로써 유발할 수 있는 것은 인플레이션도 아니고, 상품가격의 증가도 아니다. 취업을 갈망하는 사람들 중 일부가 일자리를 얻지 못하는 실업이다. 인플레이션은 노조의 임금인상이 초래하는 대량 실업을 막기 위해 정부가 의존하는 정책이다.

끝은 어디일까?

다른 국가들이라고 덜한 것은 아니지만 미국은 심각한 정책딜레마에 직면해 있다. 간섭받지 않는 노동시장이 확립할 수준보다 높게 임금을 인상하는 지극히 일반화되어 있는 방법은 인플레이션적 신용팽창으로 구제하지 않는다면 엄청난 대량 실업을 초래할 것이다. 그러나 인플레이션은 사회적으로 매우 유해한 효과만 초래하는 것이 아니다. 인플레이션이 끝없이 계속되면 화폐제도 전체가 완전히 붕괴되는 결과가 초래된다.

완전히 노조의 잘못된 교리에 흔들리고 있는 여론은 상당한 임금 인상을 요구하는 노조 간부들의 요구에 거의 동정적이다. 오늘날의 상황에서 노조는 고용주들을 그들의 요구에 굴복하게 만드는 권력을 갖고 있다. 파업을 선언하고, 당국의 제지를 받지 않고, 기꺼이 일하려는 사람들에게 폭력을 휘두르고도 처벌받지 않을 수 있다. 그들은 임금 인상이 실업자 수를 증가시킬 것이라는 사실을 알고 있다. 그들이 제안하는 유일한 해결책은 실업수당을 위한 더 많은 자금과 더 많은 신용공급, 즉 인플레이션이다. 불행하게도 정부는 잘못된 여론에 순순히 굴복하고 닥쳐올 선거 캠페인의 결과를 우려해 건전한 통화정책으로 돌아가려던 시도를 곧 되돌리기 시작한다. 그리하여 통화의 공급을 간섭하는 유해한 방법을 다시 사용하게 된다. 달러의 구매력을 가속도로 감소시키는 인플레이션을 계속하고 있다. 끝이 어딜까? 이것은 루서씨Mr. Reuther(역자 주: 전미자동차노조를 설립한 사람)와 그 외 모든 사람들이 한 번도 해보지 않은 질문이다.

엄청난 무지만이 자칭 진보주의자들이 채택한 정책을 '노동자를 위한' 정책이라고 할 수 있다. 다른 모든 시민들처럼 임금소득자도 달러의 구매력 보존과 확실히 관계되어 있다. 노조 덕분에 임금소득자의 주급이 시장 수준 이상으로 오른다면 그는 곧 물가상승이 그가 기대한 이점들을 빼앗아 갈 뿐만 아니라, 자신의 저축, 보험, 연금의 가치도 감소시킨다는 것을 발견할 것이다. 그리고 더 나쁜 것은 그가 일자리를 잃을지도 모르고, 다른 일자리를 찾지 못할 것이란 점이다.

노동조합이 불러온 대혼란

모든 정당과 압력단체들은 인플레이션에 반대한다고 주장한다. 그러나 그들이 정말로 의미하는 것은 인플레이션의 피할 수 없는 결과, 즉 생활비의 상승은 좋아하지 않는다는 것이다. 사실상 그들은 필연적으로 통화량의 증가를 초래하는 모든 정책을 선호한다. 그들은 노조의 끝없는 임금상승을 가능하게 하는 통화팽창 정책뿐만 아니라 정부지출의 증가와 동시에 공제액 증가를 통한 세금 경감을 요구한다.

사회 계층 간의 화해할 수 없는 갈등이라는 마르크스주의의 허황된 개념에 속아서 사람들은 유산계층의 이익만이 노조의 임금 인상 요구와 배치되는 것이라고 가정한다. 사실 임금소득자들이 다른 집단이나 계층보다 건전한 화폐로의 복귀에 관심이 적은 것이 아니다. 지난 몇 달 동안 부정한 간부들이 노조원들에게 끼친 해악에 대해 말들이 많았다. 그러나 노조의 지나친 임금인상으로 인해 노동자들에게 끼친 대혼란은 훨씬 더 해롭다.

노조의 전술이 통화안정과 합리적인 경제정책에 대한 유일한 위협이라고 주장하는 것은 과장일 것이다. 조직적인 임금소득자들만이 오늘날 우리의 화폐제도의 안정을 위협하고 있는 압력단체는 아니다. 그러나 그들은 압력단체 중에서 가장 강력하고 가장 영향력 있으며, 일차적인 책임은 그들에게 있다.

건전한 통화정책의 중요성

자본주의는 임금소득자의 생활수준을 전례 없이 높여 놓았다. 오늘날 평범한 미국가정은 불과 1백 년 전만해도 대부호조차 꿈꾸지 못한 편의시설을 누리고 있다. 이렇게 잘살게 된 것은 모두 저축과 자본축적의 증가로 이룩된 것이다. 기업이 과학과 기술의 발전을 실용적으로 사용할 수 있도록 하는 이러한 자금이 없었다면 미국 노동자들은 아시아의 하급 노동자들에 비해 노동시간당 더 많고 더 나은 것들을 생산할 수 없었을 것이며, 더 많이 벌지도 못했을 것이고, 그들처럼 비참하게 기아선상에서 살았을 것이다. 그러므로 우리의 소득세와 법인세 제도 같이 자본축적의 증가를 막거나, 혹은 자본감소를 겨냥하고 있는 모든 조치는 사실상 반노동적이고 반사회적이다.

이 저축과 자본형성의 문제에 관해 한 가지 더 관찰할 것이 있다. 자본주의가 가져온 생활수준의 향상은 일반인이 저축하고 그리하여 자신이 다소간 자본가가 되는 것을 가능하게 해주었다는 점이다. 미국 기업에서 활용되는 자본의 상당 부분은 대중의 저축에서 나온다. 수백만의 임금소득자들은 저축예금, 채권, 보험 상품을 소유하고 있다. 이 모든 것들은 달러로 지불해야 하는 것이며 그 가치는 국가의 화폐 건전성에 달려 있다. 이런 점에서 달러의 구매력을 유지하는 것은 대중의 중대한 관심사가 된다. 이 목적을 달성하기 위해서 은행권에 "하느님을 우리는 신뢰한다.In God We Trust."라는 고결한 문구를 새겨 넣는 것만으로는 충분하지 않다. 적절한 정책을 채택해야 한다.

11

경제학의 현주소[34]

몇 년 전 하원의원 포리스트 A. 하네스Forest A. Harness가 의장으로 있는 하원 집행부 소속 광고 및 홍보에 관한 소위원회House of Representatives Subcommittee on Publicity and Propaganda in the Executive Departments에서 연방정부의 홍보활동을 조사한 적이 있었다. 그 중 한 사례를 다루느라 위원회는 증인으로 정부가 고용한 의사를 불렀다. 전국적으로 홍보할 때 의무적인 국가건강보험에 관해 양쪽 의견을 전달했느냐고 묻자 증인은 "양쪽이라는 것이 무슨 뜻인지 모르겠다."라고 대답하였다.

이 분별없는 대답은 스스로를 진보적인 지식인이라고 자부하는 사람들의 심리상태를 보여준다. 그들은 한마디로 자기들이 제시하는 여러 가지 계획에 반대하는 의견이 있으리라고는 생각하지도 않는다. 모든 사람들은, 질문도 하지 말고, 점점 강화되고 있는 시민의 생활과 활동에 대한 정부의 통제를 목표로 하는 모든 계획을 지지해야만 한다고 멋대로 생각한다. 그들은 결코 그들의 교리에 제기된 반대 의견에 대해 논박하려 하지 않는다. 루스벨트 부인이 최근 칼럼에서 그랬듯이, 그들은 자기들에게 동의하지 않는 사람들을 정직하지 못하다고 해버린다.

많은 저명한 시민들은 이런 편협성이 만연해진 데에 교육기관들의 책임이 있다고 주장한다. 그들은 미국대학에서 경제학, 철학, 사회학, 역사와 정치학을 가르치는 방법을 날카롭게 비판한다. 그들은 많은 교수들이 학생들에게 전면적인 계획, 사회주의, 공산주의 등을 주입했다고 비난한다. 공격을 받은 사람들 중 일부는 어떤 책임도 없다고 부인하려고 한다. 이런 방어 방식이 헛수고임을 아는 사람들은 '박해'와 '학문적 자유'의 침해를 부르짖는다.

그러나 오늘날 학계에서, 미국뿐만 아니라 다른 나라도 마찬가지지만, 불만스러운 것은 많은 교수들이 맹목적으로 베블리안, 마르크스주의, 케인스주의의 오류들을 신뢰하고, 소위 진보적인 정책에 반대하여 제기되는 의견 중 지지될 수 있는 것이 없다고 학생들을 주입시키려고 한다는 사실이 아니다. 오히려 해악은 이 선생들의 주장이 학계의 어떤 비평으로도 도전받고 있지 않다는 사실에 있다. 사이비 자유주의자들이 많은 대학에서 교수직을 독점하고 있다. 그들에 동의하는 사람들만이 사회과학 분야 교수나 강사로 임명되고, 그들의 사상을 지지하는 교과서들만이 사용된다. 본질적인 문제는 어떻게 하면 부적절한 교수들과 형편없는 교과서들을 없애버릴 수 있는가가 아니다. 어떻게 하면 학생들에게 간섭주의, 통화팽창주의, 사회주의, 공산주의 교리를 거부하는 경제학자들의 생각을 들을 기회를 줄 수 있는가이다.

사회주의에 찬사를 보내는 지식인들

최근에 출판된 책을 검토하며 이 문제를 다루어보자. 하버드대학의 한 교수가 자기와 같은 하버드대학 경제학과 교수들로 구성된 자문위원회의 지지를 받아 『경제학 편람 시리즈Economics Handbook Series』를 편집하였다. 이 시리즈 중 사회주의에 관한 책도 한 권 들어있다. 그 저자인 폴 M. 스위지Paul M. Sweezy는 이 책은 "사회주의자의 관점에서 썼다"고 하며 서문을 열었다. 이 전집의 편집자 시무어 E. 해리스Seymour E. Harris 교수는 서문에서 한발 더 나아가 저자의 "관점은 현재(1949) 영국에서 정권을 잡고 있는 사람들보다는 소련 정책을 결정하고 있는 사람들에 더 가깝다"고 썼다. 이것은 그 책이 첫 페이지부터 마지막까지 소련 체제를 무비판적으로 찬양하고 있다는 사실을 돌려서 표현한 것이다.

지금 스위지 박사가 그런 책을 쓰고 교수들이 편집해 출판하는 것은 완전히 합법적이다. 미국은 이 세상에 남아 있는 몇 안 되는 자유국가 중의 하나이며, 헌법과 그 수정 조항들은 모든 국민에게 자신이 원하는 대로 생각하고, 생각하는 바를 출판할 권리를 부여하고 있다. 사실 스위지는 무의식중에 식견 있는 사람들에게 큰 도움을 줬다. 그의 책은 경제학을 잘 알고 있는 현명한 모든 독자들에게 가장 저명한 사회주의 옹호자들이 어쩔 줄을 모르고 있으며, 자신들의 교리에 우호적인 그럴듯한 주장을 어떻게 진전시켜야할지를 모르고, 그것에 대해 제기된 어떤 반론에도 전혀 반박하지 못하고 있음을 분명하게 보여주고 있기 때문이다.

그러나 그 책은 사회학에 정통한 통찰력 있는 학자들을 위해 만들어진 것이 아니다. 편집자의 서문에서 강조한 것처럼, 그것은 사상의 대중화를 위하여 일반 독자를 대상으로, 특히 교실에서 사용할 목적으로 만들어진 것이다. 제기된 문제에 관해 아무것도 모르거나 아주 조금밖에 알고 있지 못하는 일반인과 학생들은 사회주의와 관련된 모든 지식을 여기서 얻을 것이다. 그들은 저자들이 상술한 여러 교리에 대해서 독자적인 의견을 갖게 해 줄 수 있는 이론과 사실들을 잘 알지 못한다. 그들은 저자의 논지와 서술을 이론의 여지가 없는 과학이나 지식으로 받아들일 것이다. 서문에 있듯이 그 분야의 '권위자'들이 쓰고 덕망 있는 하버드 교수들의 자문위원회가 지지한 책의 신뢰성을 그들이 어떻게 주제넘게 의심할 수가 있겠는가!

자문위원회의 결점은 그런 책을 출판하였다는 사실에 있는 것이 아니고 그 시리즈에 사회주의에 관한 이 책만을 포함시켰다는 점이다. 만약 스위지 박사의 책과 함께 공산주의 사상과 사회주의 정부의 업적을 날카롭게 분석하는 책도 출판하였다면 아무도 그들이 공산주의를 전파한다고 비난할 수 없을 것이다. 그들이 스위지 박사에게 준 것처럼 사회주의와 공산주의 비판자들에게도 그들의 견해를 대학생들에게 피력할 수 있는 똑같은 기회를 주는 관대함을 가졌어야 했다.

스위지 박사 책의 매 페이지마다 정말 놀라운 내용을 발견할 수 있다. 사회주의 체제하의 시민권 문제를 다루는데 있어서 그는 단순히 소련 헌법을 미국 헌법과 동일시하고 있다. 그는 다음과 같이 말하고 있다.

> 일반적으로 둘 다 국가와 시민 개인의 행동을 인도해야 하는 이상에 대한 선언으로 받아들여진다. 이런 이상이 소련이나 미국에서나 항상 실현되지 않고 있다는 것은 분명 진실이고 중요하다. 그러나 그것이 이런 이상이 존재하지 않는다거나 무시될 수 있다는 것을 의미하는 것은 아니다. 하지만 여전히 이 이상이 반대로 변할 수 있는 여지가 있음을 의미하기도 한다.

이런 사고를 가능하게 한 모든 것을 제쳐두고, 미국 헌법은 단지 이상적인 것만이 아니고, 유효한 국가법이라는 점을 이해할 필요가 있다. 그것이 사문화 되는 것을 막기 위해서 대법원에는 최고 독립 재판부가 있다. 그런 법과 합법성의 보호 장치가 없다면 어떤 법도 무시되고 반대로 될 수도 있다. 스위지 박사는 이런 미묘한 차이를 정말로 알지 못했을까? 그가 정말로 소련의 감옥과 노동수용소에서 죽어가고 있는 수백만 명이 인신보호법을 언급할 수 있다고 믿는 것일까?

다시 말해서 스위지 박사가 모든 사실을 그 반대로 바꿀 수 있는 권리가 있는 이유는 미국의 권리장전이 단지 이상적인 법일 뿐만 아니라 시행되는 법이기 때문이다. 그러나 학생들에게 사회주의에 반대하는 의견에 관해서는 아무것도 알려주지 않은 채 소련에 대해 그런 찬사를 보내는 교수들은 자신들이 비판받는다 하더라도 마녀사냥을 외쳐서는 안 된다.

해리스 교수는 그의 서문에서 "이번 책의 과도한 영향을 두려워하는 사람들은 스위지 박사가 사회주의에 몰두하고 있는 것처럼 개인 기업에 헌신하고 있는 사람이 쓴 자본주의를 다룬 책이 이 시리즈에서 곧 출간된다는 사실에 기뻐할지 모르겠다."고 썼다. 그 사이에 버지니아 대학교의 데이비드 맥코드 라이트David McCord Wright 교수가 쓴 책이 출판되었다. 이 책은 사회주의를 부수적으로 다루고 있으며, 오늘날 가장 열광적인 소련의 저자들도 별 볼일 없다고 치워버리는 교리인 국가의 쇠퇴이론과 같은 사회주의의 사소한 오류를 타파하려고 시도하고 있다. 그러나 그것은 사회주의와 공산주의 사상의 전반에 대한 철저한 비판적 검토와 모든 사회주의 실험의 비참한 실패에 대한 만족스런 대체물은 물론, 어떤 대체물로도 전혀 간주될 수 없다.

일부 교수들은 종종 의견을 달리하는 외부인을 초빙하여 학생들에게 강연하게 함으로써 그들 대학에 가해지는 사상적으로 편향적이라는 비난을 희석시키고 자신들의 중립성을 증명하려고 한다. 이것은 단지 눈속임일 뿐이다. 수년 동안 오류를 주입해 놓고 단 한 시간의 건전한 경제학이라니! 필자는 그런 초청을 거절하느라고 썼던 편지를 인용할 수도 있다.

> 제가 50분이건 100분이건 짧은 강의로 시장경제의 작동을 설명하는 것이 불가능한 이유는 경제문제에 관한 일반적인 사상에 영향을 받은 사람들이 시장경제 시스템에 대해 잘못된 생각으로 가득 차 있기 때문입니다. 그들은 경제 불황, 대량 실업, 독점, 공격적인 제국주의와 전쟁, 인류 대다수의 빈곤은 간섭받지 않는 자본주의적 생산방법의 작동 때문이라고 확신하고 있습니다.
>
> 만약 강사가 이 교리 하나하나를 풀어내지 않는다면 강의를 들은 사람들에게 만족

스럽지 못한 인상이 남습니다. 그런데 그 중 어느 하나를 밝히는 데도 당신이 제게 부여한 시간보다 더 많은 시간이 필요합니다. 듣는 이들은 "이것에 관해서 전혀 언급하지 않았다", "저것에 관해서는 그저 가볍게 몇 마디 했을 뿐이다"라고 생각할 것입니다. 제 강의가 오히려 이 시스템에 대한 그들의 오해를 더 확인시켜 줄 뿐일 것입니다…… 만약 자본주의의 작동을 한두 번의 짧은 강연으로 설명하는 것이 가능하다면 경제학과 학생들을 몇 년씩 대학에 잡아놓은 것은 시간낭비일 것입니다. 또 이 주제에 관해 왜 두꺼운 교과서가 써졌어야하는지를 설명하기도 어려울 것입니다. 이런 이유로 저는 부득이 당신의 친절한 초청을 거절합니다.

관변학자들의 태도

사이비 진보주의 교수들은 자기들이 구시대적 반동주의자라고 비방하는 모든 사람들을 교수직에 접근하지 못하도록 막고 있는 자신들의 정책에 대해 그 사람들이 편향되어 있기 때문이라는 구실을 댄다. 만약 비방하는 사람이 비난받는 사람의 학설에 담긴 오류를 명확히 보여줄 수 있는 위치에 있지 않다면, 편향이라는 단어를 언급하는 것 자체가 부적절하다. 중요한 것은 학설이 건실한지 그렇지 않은지의 여부다. 이것은 사실과 연역적 추론으로 규명될 수 있다. 만약 어떤 학설이 잘못되었다고 반박할 타당한 주장이 없다면, 아무리 그 저자를 험담하더라도 그 정확성은 조금도 훼손되지 않는다. 반면에 만약 어떤 학설의 오류가 이미 반박할 수 없는 추론들을 통해 명확히 증명 되었다면 그 저자가 편향되어 있다고 말할 필요도 없다.

전기 작가는 자기가 쓰고 있는 사람의 삶에 나타난 명백한 과오를 편견으로 거슬러 추적해 설명하려고 할 수 있다. 그러나 이론의 정확성이나 오류에 관한 논의에서는 그런 심리적 해석은 중요하지 않다. 자기들에게 동의하지 않는 사람들을 편향적이라고 말하는 교수들은 단지 그들이 상대방의 이론에서 어떠한 결함도 찾아낼 능력이 없다는 것을 고백하는 것일 뿐이다.

많은 '진보주의' 교수들은 알파벳 약자로 이름을 지은 정부의 여러 부서에서 한동안 일했다. 부서에서 그들에게 맡겨진 업무는 대개 보조적인 것에 불과했다. 그들은 통계를 작성하고, 그들의 상관이, 정치인이나 전직 기업 경영자이든, 읽지 않고 철만 해놓는 문서를 작성했다. 그들은 관료들에게 과학적 정신을 심어주지 않았다. 그러나 관료들은 그들에게 권위주의적인 사고방식을 주입했다. 그들은 대중을 신뢰하지 않고, 그들은 국가를 가련한 아랫사람들을 위해 신이 보낸 수호자로 여긴다. 오직 정부만이 공정하고 편향되어 있지 않다. 이런 견지에서 정부권력의 확대에 반대하는 사람은 누구나 공공의 적으로 낙인찍힌다. 그가 국가를 '증오'한다는 것은 명백하다고 생각한다.

경제학자가 산업을 국유화하는 데 반대한다 해서 국가를 '증오'하는 것이 아니다. 그는 단지 생산수단을 개인이 소유하는 것이 공공 소유보다 국가에 이롭다는 것을 주장하는 것뿐이다. 어느 누구도 국유기업에 대한 경험이 이 견해와 모순된다고 가장할 수 없다.

교수들이 워싱턴에서 얻은 또 다른 전형적인 관료주의 편견은 정부통제와 새로운 기구의 설립에 반대하는 태도를 '부정주의'라고 부르는 것이다. 이 용어에 비춰 보면 미국의 개별기업 시스템이 이룩한 모든 것은 '부정적'일 뿐이며, 정부만이 '긍정적'이다.

더욱이 '계획이냐 무계획이냐plan or no plan' 하는 그럴듯한 대꾸도 있다. 관료주의 설계에서 시민들을 단순히 장기판의 졸로 전락시키는 전체주의적인 정부 계획만을 계획이라 한다. 시민 개개인의 계획은 한마디로 '무계획'이다. 이 무슨 망발인가!

옛날이 더 좋았다고요?

　진보적인 지식인들은 자본주의를 모든 악 중에 가장 무시무시한 것으로 본다. 인류는 옛날 좋은 시절에 오히려 행복하게 살았다고 주장한다. 그런데 한 영국의 사학자가 말한 것처럼 산업혁명이 '전쟁이나 전염병처럼' 사람들에게 닥쳐왔다고 한다. "부르주아"들이 풍족을 부족으로 바꿔 놓았다. 몇몇 재벌이 모든 호화를 누린다. 그러나 마르크스가 관찰했던 것처럼 부르주아들은 "그의 노예제도 내에서 노예에게 생존을 보장할 능력이 없기 때문에" 노동자들은 "더욱더 비참해진다."

　더욱더 나쁜 것은 자본주의적 생산방식의 지적, 도덕적 영향이다. 진보주의자들은 불간섭주의와 철저한 자본주의가 만들어 낸 고통과 타락으로부터 인류를 해방시켜 주는 길은 단 하나뿐이라고 믿는다. 즉 소련이 성공적으로 실험하고 있는 제도인 중앙계획 제도라고 믿는다. 소련이 얻은 결과가 완전히 만족스럽지 못한 것이 사실이다. 그러나 이런 단점은 러시아만의 특별한 사정 때문에 야기되었다. 서유럽은 러시아의 위험을 피할 것이고, 러시아와 히틀러 독일에서 단지 돌발적으로 나타난 양상들로 인해 손상되었던 복지국가를 그런 양상이 나타나지 않도록 실현할 것이다.

　이런 것들이 오늘날 거의 모든 학교에서 가르쳐지고 있으며 소설과 연극에 의해 전파되고 있는 철학이다. 이것이 거의 모든 현대 정부들의 행동을 움직이는 교리다. 미국 '진보주의자'는 자기가 지칭하는 자기 나라의 사회적 후진성을 부끄러워한다. 그는 외국 사회주의 정부가 그들의 파멸적인 사회주의 사업을 계속할 수 있도록 그들에게 아낌없이 보조금을 제공하는 것이 미국의 임무라고 생각한다. 그들의 눈에는 미국인의 진짜 적은 대기업이다. 즉 미국 서민들에게 역사상 가장 높은 생활수준을 제공해준 기업들이다. 그는 전면적인 기업통제로 나아가는 모든 움직임을 진보라고 환호한다. 그는 낭비, 적자재정 지출, 자본 축소의 유해한 결과를 지적하는 사람들을 반동주의자, 보수주의자economic royalist, 파시스트라고 비난한다. 그는 기업들이 거의 매해 대중에게 사용할 수 있게 해주는 새로운 제품이나 개선된 제품에 대해서는 결코 언급하지 않는다. 그러나 대기업으로부터 거두어들인 세금으로 적자가 메꿔진 테네시 강 유역 개발공사(TVA)의 다소 의문스러운 성과에는 열광한다.

이 사상의 가장 열광적인 해설자들은 대학의 역사학과, 정치학과, 사회학과, 문과에서 찾아 볼 수 있다. 이 학과들의 교수들은 자기들이 별로 알지 못하는 과목인 경제학의 문제를 들먹이면서 우월감을 즐긴다. 역사학자들의 경우가 특히 그러하다. 지난 2백년 간 역사가 다루어져 왔던 방식은 정말 수치스럽다. 최근에 와서야 유명한 학자들이 브렌타노Lujo Brentano, 웨브 부부the Webbs, 하몬드 부부the Hammonds, 토니Tawney, 토인비Arnold Toynbee, 알레뷔Elie Halevy, 비어드 부부the Beards 등의 학자들이 저지른 기본적인 오류들을 들추어내기 시작했다. 지난 몽페를랭학회Mont Pelerin Society에서 런던 경제학부London School of Economics 경제학사의 과장직을 맡고 있는 애슈톤T. S. Ashton 교수는 발표한 논문에서 19세기의 경제발전에 관해 일반적으로 받아들여지고 있는 견해에는 "경제적 감각이 전혀 없다"고 지적했다. 역사학자들은 "산업자본주의하에서 가장 지배적인 조직 형태인 공장이 일반인이 아닌 부자와 통치자들의 요구로부터 생겨났다"는 전설을 꾸며내며 사실을 왜곡했다.

자본주의의 특징은 대중의 필요를 위한 대량 생산이었으며 현재도 그렇다는 것이 진실이다. 동력식 기계로 양산하는 방법을 가진 공장이 새로운 생산 분야로 들어갈 때마다 많은 대중들에게 값싼 재화를 제공하는 것으로 시작했다. 나중에 가서 전례 없는 대중의 생활수준 향상으로 더 좋은 물건을 생산하는 데 대량 생산 방법을 적용할 수 있을 때 공장들은 더 정교하고 비싼 상품을 생산하는 쪽으로 전환하였다. 대기업은 많은 사람들의 요구에 부응한다. 대중의 소비에 전적으로 좌우되기 때문이다. 소비자로서의 자격으로 보통 사람은 구매나 불매 행위를 통해 기업 활동의 운명을 결정하는 주권자다. '프롤레타리아'가 바로 **_항상 옳다_**고 하는 그 말 많은 고객이다.

자본주의를 비난하는 가장 흔한 방법은 불만족스럽게 여겨지는 모든 상황을 자본주의 탓으로 돌리는 것이다. 몇 년 전 까지만 해도 폐결핵과 매독은 자본주의의 병이라고 했다. 자본주의를 채택하지 않은 인도와 같은 나라의 수많은 사람들의 빈곤도 자본주의 탓이라고 한다. 사람이 늙으면 쇠약해지고 죽는다는 것은 슬픈 사실이다. 그러나 이것은 판매인뿐만 아니라 고용주에게도 일어나고 자본주의 시대보다 자본주의 이전 시대에 덜 비극적이었던 것도 아니다. 매춘과 알코올 중독, 마약중독들도 모두 자본주의의 악이라고 불린다.

사람들이 자본주의자들의 비행이라고 알려진 것들을 논할 때면, 학식 높은 교수나 세련된 예술가는 영화배우, 권투, 레슬링 선수들의 높은 소득을 지적한다. 그러나 누가 이들이 더 벌도록 해주는가, 백만장자인가 '프롤레타리아'인가?

이러한 선전을 가장 나쁘게 과대포장해서 하고 있는 사람들은 경제학 교수들이 아니고 다른 사회학 교수들, 언론인들, 작가들, 그리고 때로는 목사들이라는 사실을 인정해야 한다. 그러나 이 열렬한 광신주의의 모든 슬로건들이 튀어나오는 근원은 경제 정책에 대해 '제도주의' 학파가 물려준 가르침이다. 이 모든 독단과 오류를 거슬러 추적해보면 궁극적으로 경제교리라고 주장되는 것에 이르게 되는 것이다.

갈 길을 잃은 경제학

마르크스주의, 케인스학파, 베블리안과 다른 '진보주의자'들은 그들의 주장이 어떤 비판적 분석에도 맞서지 못함을 아주 잘 알고 있다. 그들 학과에 있는 한 명의 건전한 경제학자가 그들의 가르침 모두를 무색하게 할 수 있다는 사실도 아주 잘 알고 있다. 이것이 바로 그들이 모든 '정통파'가 '비정통파'의 거점에 접근하는 것을 차단하려고 그렇게 안달하는 이유다.

이렇게 건전한 경제학을 추방한 결과 중 가장 나쁜 것은 유능한 젊은 졸업생들이 경제학자의 길을 기피한다는 사실이다. 그들은 대학, 비평가, 출판사로부터 거부당하고 싶어 하지 않는다. 그들은 오히려 그들의 능력이 공정하게 인정받는 사업이나 변호사 개업 쪽을 선호한다. 교수직을 열망하는 사람들은 외부적으로 알려져 있는 학설의 오류를 찾는 데 적극적이지 않은 타협자들뿐이다. 이미 고인이 되었거나 거의 정년에 이른 훌륭한 학자의 자리를 이을 능력 있는 사람들이 거의 남아 있지 않다. 프린스턴대학의 프랭크 페터Frank A. Fetter와 에드윈 케머러Edwin W. Kemmerer, 예일대학의 어빙 피셔Irving Fisher, 캘리포니아대학의 벤자민 앤더슨Benjamin M. Anderson 같은 경제학자의 뒤를 이을 만한 자격이 있는 사람이 차세대 강사들 중에는 거의 없다.

이 상황을 해결할 수 있는 방법은 단 한가지뿐이다. 오늘날 사회주의와 간섭주의 주창자들만이 누리고 있는 교수직에 진정한 경제학자에게도 똑같은 기회가 주어지는 것이다. 이 나라가 아직 전체주의로 가지 않은 한, 이것은 분명 무리한 요구가 아니다.

12

추세는 변할 수 있다[35]

현대에 유행하는 교리들에 함축되어 있는 견해 중에서 소중하게 여기는 한 가지는 근래에 나타났던 사회적 진화의 추세가 미래에도 계속 이어질 것이라는 믿음이다. 과거에 대한 연구는 앞으로 일어날 사태의 모습을 보여주는 것이라고 가정하고 있다. 추세를 돌리거나, 혹은 멈추게 하려는 시도는 실패할 수밖에 없다. 인간은 역사적 운명의 거부할 수 없는 힘에 복종해야 한다.

이러한 도그마에 추가된 것이 인간의 조건이 점진적으로 개선된다는 헤겔주의의 생각이다. 헤겔은 역사의 모든 후기 단계는 필연적으로 그 이전보다 더 완전하고 더 나은 상태가 되는데, 이는 무한한 사랑으로 신이 인류에게 정해준 궁극적 목표를 향해 나아가는 것이기 때문이라고 가르쳤다. 그러므로 닥쳐올 일의 탁월함을 의심하는 것은 부당하고 비과학적이며 불경한 것이다. '진보'와 싸우는 사람들은 희망 없는 모험을 감행하는 것뿐만 아니라, 대다수에게 이익을 줄 상태의 출현을 막고자 하기 때문에 도덕적으로도 사악하고 반동적이다.

이런 철학적 관점에서 그것의 달인들, 즉 자칭 '진보주의자'들은 경제정책의 근본적인 문제를 다룬다. 그들은 제안된 조치와 개혁의 장단점을 검토하지 않는다. 그들 눈에는 이것이 비과학적으로 보일 것이다. 그들이 볼 때 해답을 찾아야 하는 유일한 질문은 그런 제안된 혁신들이 우리 시대의 정신에 부합하는지 않은지, 그리고 운명 지어진 인간사의 진로 방향을 따르는지의 여부다. 작금의 정책들의 표류는 우리에게 불가피한 것과 유익한 것이 무엇인지를 가르쳐준다. 오늘 유익한 것과 성취되어야 하는 것이 무엇인지를 인식하기 위해 필요한 유일하고 합당한 원천은 어제 성취된 것이 무엇인지를 아는 것이다.

지난 수십 년 동안 정부의 기업에 대한 간섭이 점점 많아지는 추세가 이어졌다. 시민 개인의 주도권 영역이 축소되었다. 법과 행정명령은 기업가와 자본가들이 시장에서 나타나는 소비자들의 뜻에 부응하여 자유롭게 행동하는 범위를 제한했다. 해마다 자본 투자로 이어지는 이윤과 이자의 증가분이 법인소득 및 개인소득과 재산에 대한 세금으로 몰수되었다. 기업에 대한 '사회적' 통제, 즉 정부통제가 차츰차츰 사적 통제를 대신해갔다. '진보주의자들'은 기생하는 '유한계층'으로부터 '경제적' 권력을 빼앗아 '인민'에게 이전해주는 이런 추세는 역사 속에서 영원히 사라지도록 운명 지어진 사악한 자본주의를 복지국가가 대체할 때까지 계속될 것이라고 확신한다. '이익'을 보고 있는 집단의 나쁜 음모에도 불구하고, 인류는 정부 경제학자와 관료들, 정치인과 노조의 간부들에 인도되어 지상낙원의 행복을 향해 꾸준히 전진한다.

이 신화의 위세는 너무 커서 어떤 반대도 잠재울 정도다. 이는 후에 일어날 모든 일들이 이전 상태보다 훨씬 낫다는 의견에 동조하지 않고, 전면적인 계획, 즉 전체주의적 사회주의의 악영향을 완전히 이해하고 있는 사람들에게 패배주의를 확산시킨다. 그들 역시 사이비 학자들이 피할 수 없다고 말하는 것에 순순히 굴복하고 만다. 바로 이렇게 수동적으로 패배를 받아들인 정서가 많은 유럽 국가에서 사회주의가 승리하게 된 힘이며, 머지 않아 미국에서도 승리하게 될 것이다.

사회주의의 필연성에 관한 마르크스주의 도그마는 자본주의는 필연적으로 대다수의 국민을 점진적으로 빈곤하게 만들 것이라는 논제에 근거를 두고 있었다. 모든 기술발전의 혜택은 오로지 극소수의 착취자들에게만 돌아간다. 대중은 점점 더 '불행해지고, 억압받고, 노예화되고, 타락하고, 착취당하도록' 운명 지어져 있다. 정부나 노조의 어떤 행동도 이런 점진적 변화를 막을 수 없다. '자연법칙의 불변성' 때문에 도래할 수밖에 없는 사회주의만이 '대중에 의해 소수 착취자를 몰수함으로써' 구원을 가져올 수 있다.

현실은 이 예측이 다른 마르크스 예상들만큼이나 잘못된 것임을 밝혀주었다. 오늘날 자본주의 국가의 국민들의 생활수준은 마르크스 시대와 비교할 수 없을 정도로 높아져 있다. 「공산당선언」에서 말했듯이 노동자들은 "산업이 발전할수록 잘 살아지는 것이 아니라 함께 더욱더 비참해지는" 반면, 기술발전의 결실을 자본가들만이 즐기게 된다는 것은 전혀 사실이 아니다. 대량 생산으로 만들어진 상품의 주된 소비자는 극소수의 '단호한 개인주의자'들이 아니라 대중이다. 얼간이들만이 아직도 자본주의는 "그의 노예제도 내에서 노예에게 생존을 보장할 능력이 없다"는 이야기를 믿을 뿐이다.

오늘날 지배적인 추세의 불변의 원칙이 마르크스의 교리, 즉 점진적 빈곤의 필연성의 교리를 대신하고 있다.

지금 이 주장에는 어떤 논리적 실험적 증명도 결여되어 있다. 역사적 추세가 꼭 영원히 지속되는 것은 아니다. 과거의 가격곡선이 상승추세였다고 해서 계속 올라갈 것이라고 가정할 어리석은 사업가는 없다. 반대로 가격이 오르면 오를수록 신중한 사업가들은 반전가능성에 대해 더욱 더 주의를 기울인다. 우리 정부의 통계학자들이 이용 가능한 수치들, 즉 과거의 지표일 수밖에 없는 것들을 가지고 연구한 것에 기초하여 내린 모든 예측은 틀렸음이 증명되었다. 건전한 통계이론은 추세에 따른 추정을 최대한 의심을 가지고 전망한다.

통계적 수치로 드러나지 않는 분야의 발전 과정도 마찬가지다. 예를 들어 고대 그리스 로마 문명의 과정에도 지역 간 분업이 증가하는 추세에 있었다. 거대한 로마제국의 여러 지역 간의 교역이 점점 더 강화되었다. 그러다가 전환점이 왔다. 상업은 쇠퇴했고, 마침내 모든 토지 소유자의 가계가 거의 전부 자급자족하는 중세 장원제가 등장했다.

또 다른 예를 든다면, 18세기는 전쟁의 심각성과 공포가 줄어드는 추세가 만연했다. 1770년에 콩테 드 기베르트Conte de Guibert(역자 주: 프랑스의 장군, 군사 작가, 1743~1790)는 이렇게 썼다. "오늘날 유럽 전역은 문명화하였다. 전쟁은 덜 잔혹해졌다. 결투 외에는 피를 뿌리는 일도 없고, 죄수들도 존중받으며, 마을은 더 이상 파괴되지 않고, 나라는 더 이상 황폐화되지 않는다."

이 추세가 변하지 않았다고 주장할 수 있는 사람이 있는가?

비록 역사적 추세는 영원히 지속되어야만 하고, 따라서 사회주의의 도래가 피할 수 없다는 것이 사실일지라도, 사회주의가 사회경제조직의 가장 완벽한 상태, 더 나은 상태일 것이라고 추론하는 것은 여전히 용납될 수 없다. 역사적 과정의 후기의 단계마다 반드시 더 나은 상태가 된다고 하는 헤겔, 콩트, 마르크스와 같은 사이비 신학적 추론 외에 이 결론을 뒷받침할 만한 것은 아무것도 없다. 인간의 상황이 항상 발전함에 틀림이 없고, 매우 불만족스런 생활상, 빈곤, 또는 원시상태로 퇴보하는 일은 불가능하다고 하는 것은 모두 진실이 아니다. 오늘날 자본주의 국가에서 국민이 누리고 있는 비교적 높은 생활수준은 자유방임적 자본주의의 성취이다. 그 어떤 이론적 사고나 역사적 경험을 근거로 하더라도 사회주의 하에서 조금이나마 발전하였거나 유지되었을 것이라는 추론은 맞지 않는다.

지난 수십 년간 많은 국가에서 이혼과 자살의 숫자가 해마다 늘었다. 그러나 이런 추세가 더 만족스런 상황으로 나아가는 것을 의미한다고 주장할 무모함을 갖고 있는 사람은 없을 것이다.

대학과 고등학교를 졸업한 전형적인 사람들은 곧바로 그가 배운 대부분의 것을 잊어버린다. 그러나 세뇌되어 그의 마음에 오래도록 인상이 남아 있는 것이 한 가지가 있다. 그것은 바로 전면적인 계획과 통제의 추세가 변하지 않을 것이라는 불가변성의 도그마다. 그는 인류가 결코 자본주의로, 즉 영원히 사라진 시대의 참담한 시스템으로 돌아가지 않으리라는 논제와 '미래의 물결'이 우리를 약속된 환락향으로 인도하리라는 논제를 의심하지 않는다. 그가 어떤 의심을 가진다 하더라도 신문에서 읽은 것과 정치인들로부터 들은 내용으로 인해 그 의심을 떨쳐버릴 것이다. 왜냐하면 집권정당의 조치에 비판적일지라도 야당에서 추대 받은 후보들조차 자기들은 '반동적'이지 않다고 주장하고 '진보'를 향한 행진을 멈추게 하는 모험은 감행하지 않겠다고 주장하기 때문이다.

그러므로 평범한 사람은 사회주의를 선호하는 성향을 가지게 된다. 물론 그는 소련이 행한 모든 일을 인정하지는 않는다. 그는 러시아 사람들이 많은 면에서 실수를 저질렀으며 이 모든 실수는 그들이 자유에 익숙하지 못했던 탓이라고 이해해준다. 그는 전면적인 계획의 고상한 이상의 실패를 지도자들, 특히 스탈린의 탓이라고 한다. 그는 러시아에 항복하지 않은 강직한 저항자인 티토Tito를 상당히 동정한다. 얼마 전만 해도 그는 베네시 Benes(역자 주: 에드바르트 베네시, 체코슬로바키아의 정치인, 1884-1948)에게 똑같은 친근감을 보였으며, 몇 달 전까지 '농업혁명가' 모택동에게도 그러했다.

어쨌든 미국 여론의 상당부분은 미국이 러시아처럼 이윤과 실업을 위해 아직 생산을 없애지 않았고 아직 안정을 찾지 못했기 때문에 본질적인 문제에서 퇴보하고 있다고 믿고 있다. 실제로 경제학에 심취해 경제학으로부터 이 문제에 대한 중요한 것을 배울 수 있다고 생각하는 사람은 아무도 없다. 일반적 추세의 불변과 효과가 영락없이 유익하다는 도그마로 인해 그러한 공부는 군더더기일 뿐이다. 만약 경제학이 이 도그마를 확인한다면 그것은 불필요한 것이 되고, 만약 이 도그마와 상충된다면 그것은 환상이고 사기가 되어 버린다.

　진화의 추세들은 변할 수 있으며, 지금까지 거의 항상 변화해왔다. 그러나 추세가 변했던 것은 오직 강한 반대에 만났기 때문이었다. 힐레어 벨럭 Hilaire Belloc이 노예상태servile state(역자 주: 힐레어 벨럭이 1912년에 저술한 책)라 부르는 것으로 향하는 일반적인 추세는 아무도 그 기본 도그마를 공격할 용기를 갖지 않으면 결코 역전되지 않을 것이다.

13

자유주의의 미래[36]

오늘날 진정한 자유주의를 옹호하는 많은 유명 인사들의 전망은 다소 비관적이다. 그들이 보는 바와 같이 현명한 사람들의 냉철한 추론보다 사회주의자들과 간섭주의자들의 독설적인 구호가 대중들로부터 더 좋은 반응을 불러일으킨다. 유권자 대부분은 굼뜨고 정신적으로도 무딘 사람들이어서 생각하기를 싫어하고 무책임한 선동가들이 남발하는 유혹적인 약속에 쉽게 속아 넘어간다. 잠재적 열등감과 질투심이 사람들로 하여금 좌파 정당을 선호하도록 만든다. 그들은 성공적인 사업가들에게서 부와 소득의 상당 부분을 몰수하는 정책이 사실상 그들 자신의 물질적 이익을 해친다는 것은 파악하지 못한 채 그 정책들을 환영한다. 경제학자들이 제기하는 모든 반대를 무시하고 그들은 공짜로 많은 좋은 것들을 얻을 수 있다고 굳게 믿는다. 역사상 전례 없는 높은 생활수준을 즐기고 있는 미국에서조차 사람들은 자본주의를 사악한 결핍의 경제라고 비난하고 모든 사람이 '자신의 필요에 따라' 모든 것을 얻는 풍요의 경제에 대한 몽상에 빠지려 한다. 자유의 물질적 풍요를 위한 상황은 절망적이다. 미래는 이전 세대가 축적한 자본을 탕진하는 것 외에 아무것도 모르는 선동가들에게 맡겨져 있다. 인류는 암흑기로 되돌아가고 있다. 서구문명은 운이 다했다.

이렇게 널리 퍼진 비관주의가 갖는 주된 오류는 우리 시대의 파괴주의적인 사상과 정책이 프롤레타리아로부터 나왔다는 믿음과 '대중의 반란'이다. 사실 대중은 창조적이지 않고 그들 자신의 철학을 개발하지 못하기 때문에 오피니언 리더들을 따른다. 이 시대의 모든 재해와 파국을 낳은 이념은 군중들의 업적이 아니다. 그것들은 사이비 학자들과 사이비 지식인들이 부린 농간들이다. 대학의 강좌와 교회의 설교가 선전했고, 언론과 소설, 연극, 영화, 라디오들이 퍼프렸다. 지식인들이 대중을 사회주의와 간섭주의로 만들었다. 오늘날 그 사상들이 힘을 갖게 된 것은 모든 커뮤니케이션 수단이 그 지지자들에게 넘어갔고 거의 모든 반대자들이 사실상 침묵했기 때문이다. 이 물결을 되돌리기 위해서는 지식인들의 사고방식을 바꾸는 것이 필요하다. 그러면 대중은 그 뒤를 따를 것이다.

더군다나 진정한 자유주의 사상은 너무 복잡해서 교육받지 않은 평범한 유권자들에게 호소력이 없을 것이라는 말은 결코 사실이 아니다. 일자리를 찾고 임금을 벌기를 원하는 모든 사람들의 임금을 올리는 유일한 수단이 1인당 자본투자량을 증가시키는 것이라고 임금소득자에게 설명하는 것이 절망적인 일이 아니다. 비관론자들이 '일반사람'은 자본 감축을 초래하는 정책의 참담한 결과를 파악할 수 없다고 주장하는 것은 일반사람의 정신적 능력을 과소평가하는 것이다. 왜 모든 '저개발국가'들이 미국의 원조와 자본을 요청하는가? 그들은 왜 사회주의 러시아로부터 원조를 기대하지 않는가?

자칭 진보 정당과 정부의 정책의 핵심은 필수품들의 가격을 간섭받지 않는 자유방임 자본주의 시장에서 구할 수 있는 수준보다 높게 인위적으로 인상하는 것이다. 설탕가격을 높게 유지하는 데 관심을 갖는 미국인은 극소수에 불과하다. 유권자 대부분은 설탕 생산자와 판매자가 아니라 구매자이고 소비자이다. 그럼에도 불구하고 미국 정부는 외국부터의 설탕 수입과 국내 생산을 엄격하게 통제함으로써 높은 설탕가격 정책을 굳게 유지하고 있다. 빵, 고기, 버터, 달걀, 감자, 목화 등 다른 농산품에 대해서도 비슷한 정책이 도입되고 있다. 이 정책을 무비판적으로 친농민 정책이라고 부르는 것은 커다란 잘못이다. 농업을 주업으로 하는 미국인은 전체의 5분의 1도 되지 않는다. 더구나 다양한 농산물의 가격에 관한 이 사람들의 관심도 동일하지 않다. 낙농업자는 밀, 사료, 설탕, 목화의 높은 가격이 아닌 낮은 가격에 관심이 있다. 양계장 주인은 닭과 달걀 외의 모든 농산물의 가격이 오르면 타격을 받는다. 목화, 포도, 오렌지, 주요 식료품의 가격을 올리는 제도는 사과, 자몽, 크렌베리를 생산하는 사람들에게 해를 끼치는 것이 분명하다. 이른바 친농업 정책의 품목들 대부분은 비농민뿐만 아니라 농민의 다수를 희생시켜 소수의 농민을 위한 것이다.

다른 분야도 다르지 않다. 고용주에게 확실히 부담이 되는 법과 행정명령의 지원을 받아 철도원이나 건축업의 종사자들이 과잉 고용 요구와 '더 많은 일자리를 만들' 것이라고 내세우는 다른 장치를 이용해 혜택을 누리는 것은 그들이 부당하게 대다수의 동료시민들을 희생시키는 것이다. 인쇄공의 노조들이 책과 잡지의 가격을 올리는 것은 읽고 배우기를 갈망하는 이들에게 영향을 미친다. 이른바 친노동 정책은 임금 소득자 집단이 소비자, 즉 대다수 국민을 희생하여 자신들의 상태를 개선하는 데에 전념하는 상황을 초래한다.

오늘날 자기가 속한 집단에 유리한 정책으로부터 얻은 이익이 다른 모든 집단에게 유리한 정책 때문에 잃은 손해보다 더 많을지는 아무도 모른다. 그러나 이 이롭다고 알려진 정책들이 필연적으로 초래한 전반적인 산업적 노력 및 산출의 생산성 하락으로 인해 모두가 피해를 입은 것은 틀림없다.

몇 년 전까지만 해도 이런 합당하지 않은 정책의 주창자들은 그들의 정책이 단지 부자들의 부와 소득을 경감시켰으며 쓸모없는 기생충 같은 인간들만 희생시켜 대중에게 이익을 주었다는 점을 강조하면서 자기들을 방어하려고 했다. 이 추론의 오류를 논박할 필요는 없다. 논의를 위하여 우리가 그것의 단정적인 결론을 받아들일지라도 몇몇 국가를 제외하고는 부자들의 '과잉' 자금은 이미 고갈되었다는 것을 깨달아야 한다. 대영제국 경제부 장관 스태포드 크립스 경Sir Stafford Cripps의 계승자인 휴 게이츠켈Hugh Gaitskell조차 "생활수준을 더 향상시키기 위해 영국의 부자들에게서 빼앗을 충분한 돈이 없다"고 선언할 수밖에 없었다. 미국에서는 '부자를 혼내주는' 정책이 그렇게까지는 가지 않았다. 그러나 미국의 정치 추세가 조만간 완전히 뒤바뀌지 않는다면, 이 가장 부유한 국가도 곧 같은 상황에 직면할 것이다.

그러한 조건이라면 진정한 자유주의의 부흥은 순조로울 수 있다. 적어도 유권자의 절반은 여성이고 그들 대부분은 주부이거나 예비주부이다. 이 여성들의 상식에 저물가 정책은 강력한 호소력을 발휘할 것이다. 그들은 분명히 다음과 같이 주장하는 사람에게 표를 던질 것이다. 간섭받지 않는 시장의 수준 이상으로 가격을 인상시키게 되어 있는 모든 정책과 조치는 단호하게 폐지하라! 가격지원책, 패리티 가격제도, 관세와 할당, 정부 간 상품 통제 협정 등 이 모든 참담한 것들을 없애라! 통화량을 증가시키는 것과 신용팽창, 또 이자율을 내리려는 눈속임의 시도, 적자지출을 포기하라! 우리가 원하는 것은 저물가다.

결국 이 현명한 주부들은 남편들을 설득하는 데까지 성공할 것이다.

칼 마르크스와 프리드리히 엥겔스는 「공산당선언」에서 "값싼 상품 가격은 자본주의가 중국의 벽을 무너뜨리는 중화기다"라고 말했다. 우리는 이 값싼 물가가 가장 높은 중국 벽, 즉 나쁜 경제정책의 어리석음이 세운 벽들을 또한 무너뜨리기를 기대한다.

그러한 희망을 나타내는 것이 단순히 희망사항만은 아니다.

부록 1

미제스에게 보내는 찬사[37]

92년간 그는 선전분투하였다.

헨리 해즐릿 Henry Hazlitt

지난 토요일은 이 시대 최고의 분석적 경제학자인 루드비히 폰 미제스의 아흔 두 번째 생일이었다. 그는 금세기 가장 탁월한 개인 기업과 자유시장의 주창자였다.

92년 동안 그는 놀라울 만큼 많은 업적을 이뤘다. 1969년 미국 경제학회에서 공로회원 상Distinguished Fellow Award을 수여하면서 미제스의 공적을 초판만 19권, 개정판과 번역본을 합하면 49권이나 되는 책의 저자라는 데 두었다. 말년에는 다른 영예가 미제스에게 주어졌다.

그는 1957년에 그로브 시립대학Grove City College에서 명예 법학박사를, 1963년에는 뉴욕대학New York University에서 명예 법학박사, 1964년에는 프라이부르크대학University of Freiburg에서 명예 정치학 박사학위를 수여했다. 게다가 두 권의 기념논문집이 그에게 헌정되었는데, 1956년의 『자유와 자유기업On Freedom and Free Enterprise』에는 19인이 그를 기려서 쓴 논문이 실려 있고, 1971년에 그의 90회 생일을 기념하여 나온 두 권짜리 『자유를 향하여Toward Liberty』는 66명이 참여했다.

그러나 그런 영예를 모두 한데 합친다 해도 그의 업적에는 결코 미치지 못한다. 정말 노벨 경제학상을 받을 자격이 있는 사람이 있다면 그는 미제스다. 그러나 노벨상이 있어온 그 몇 해 동안 그 상은 몇 안 되는 일명 '수리경제학자'에게 돌아갔다. 납득할 수 없는 수학 방정식의 나열이 진정으로 '과학적인' 수상자를 찾는 아마추어 선정위원들에게 인상적이었기 때문에 그러지 않았을까. 그리고 아마도 주로 수학적 재능에 따라 상을 수여하는 것이 선정위원들이 이 시대 정치적 경제적 이슈의 중심, 즉 자유시장 대 정부통제, '계획된' 자본주의 대 사회주의, 인간자유 대 독재에서 어느 편을 드는 것처럼 보이지 않으려고 그러지 않았나 싶다.

루드비히 폰 미제스는 1881년 9월 29일 당시 오스트로 헝가리 제국 Austro-Hungry Empire의 한 부분이었던 렘베르크Lemberg에서 태어났다. 그는 1900년에 비엔나대학에 입학했으며 유명한 오이겐 폼 뵘바베르크 밑에서 수학하였고 1906년 법경제학 박사학위를 취득했다. 1909년 그는 오스트리아 상공회의소 경제자문이 되었으며 1934년까지 그 자리에 있었다.

『화폐와 신용 이론Theory of Money and Credit』이 출판된 다음 해인 1913년에 그는 비엔나대학의 경제학과 교수로 임명되었다. 이는 명예직이었다. 보수가 지불되지 않은 자리였다. 그는 이 교수직을 20년간 유지했다. 비엔나에서 가졌던 그의 유명한 세미나는 뛰어난 학생들을 끌어들이고 영감을 주었다. 그들 중 대표적인 사람들이 하이에크F. A. Hayek, 하벌러Gottfried Haberler, 매클럽Fritz Machlup이었다.

1934년 히틀러가 오스트리아를 점령할 가능성을 예상하고 미제스는 떠나면서 제자들에게도 떠나라고 조언했다. 그는 제네바 국제학대학원 Graduate Institute of international Studies에서 처음으로 국제경제 관계International economic relations 교수가 되었다. 1940년에 그는 미국으로 건너갔다.

미제스는 이미 세 권의 걸작을 포함한 6권이 넘는 책을 썼으나 그 중 한

권 『사회주의: 경제학적, 사회학적 분석 Socialism: An Economic and Sociological Analysis』만이 영역되어 있었다. 그래서 미제스는 미국에서는 사실상 알려지지 않은데다가 그 당시 유행하던 경제학 사상은 케인스주의와 그에 따른 뉴딜정책의 산물들이었으므로 그는 반동주의자로 과소평가되었다.

대학에 임용되기 어려웠다. 저술에 전념하면서 그는 독일 자유주의 붕괴와 국가주의 나치즘의 역사와 분석을 다룬 『전능한 정부』를 썼다. 1945년에야 그는 뉴욕대학 경영대학원의 객원교수가 되었다. 그는 여기에서 1969년까지 근무했다.

그의 저술들은 방대하고 인상적이다. 그러나 우리는 여기서 그의 세 권의 걸작, 1912년 독일에서 출판된 『화폐와 신용이론』, 1922년 독일에서 출판된 『사회주의』, 1940년에 등장한 첫 독일어 버전에서 확장된 『인간행동』 중 앞의 두 권에만 국한해보기로 한다.

미제스가 화폐이론에 공헌한 바는 너무도 커서 완전히 열거할 수 없다. 그 중 하나는 그가 화폐론을 전체적인 일반경제이론과 통합시킨 일이다. 그 이전에 일반경제이론과 화폐론은 마치 서로 관련성이 없는 양 분리되어 있었다.

미제스는 또한 '물가수준'은 매해 일정비율로 화폐의 양을 늘리는 정부 관리에 의해서 안정될 수 있으며 또 그래야 한다는 이른바 통화주의자들의 제안에서 잘못된 점을 발견했다. 그는 인플레이션은 자동적으로 조절될 수 없다고 보았다. 즉 기대에 대한 변화 효과 때문에 화폐량의 증가는 초기 단계에서는 비례 이하로 물가를 상승시키는 경향이 있고, 후기 단계에서는 비례 이상으로 상승시키는 경향이 있다고 보았다.

미제스는 지나치게 단순화한 '물가수준'의 개념을 거부하였다. 그는 화폐량의 증가가 모든 가격을 비례적으로 상승시키는 것이 아니라고 지적했다. 새로운 화폐는 특정 개인이나 산업에 가서 그들의 가격과 수입을 먼저 상승시키는 것이라 했다. 인플레이션은 항상 인센티브와 생산을 왜곡하고,

명백한 불공정을 야기하며, 사회적 불만을 불러일으키는 방식으로 부와 소득을 재분배하는 효과를 낳는다.

더욱이 미제스는 이 책에서 처음으로 경기순환에 관한 만족스런 설명을, 적어도 기초적인 것을, 제시하였다. 그는 번영과 불황은 마르크스주의자들이 주장하는 것처럼 결코 자본주의에 내재해 있는 것이 아니고 그 당시까지(그리고 지금까지도 대부분) 만연해 있는 화폐와 신용의 관행에 내재하는 경향이 있음을 보여주었다. 부분지급준비제도와 중앙은행이 제공하는 지원이 화폐와 신용의 과다한 팽창을 촉진하는 경향이 있다. 이것이 물가를 상승시키고 인위적으로 이자율을 낮춰 불건전한 투자를 일으킨다. 마지막에 가서는 여러 가지 이유가 복합되어 전도된 신용의 피라미드 구조가 축소되거나 붕괴되고 공황이나 불황을 초래한다.

미제스의 『사회주의』는 우리 시대에 써진 경제학 고전이다. 이 책은 이제껏 써진 그 어떤 것보다 사회주의 체제에 대해 가장 충격적인 분석을 하고 있다. 그것은 거의 모든 가능한 측면에서 사회주의 철학을 검토하고 있다. 생산수단의 집단적 소유권의 교리뿐만 아니라 폭력의 교리, 평등의 이상, 생산과 유통 문제에 대한 제안된 해결책, 정태적 및 동태적 조건에서 가능한 작동, 국내 및 국제 결과 등을 검토하고 있다.

이것은 오이겐 폼 뵘바베르크Eugen von Bohm-Bawerk가 1898년에 『칼 마르크스와 그의 체제의 종말Karl Marx and the Close of His System』[38]이란 기념비적 책을 출판한 이래 사회주의에 대해 가장 훌륭하고 타격을 가하는 반박이었다. 그 이상이다. 뵘바베르크는 주로 마르크스의 기술적 경제학에 국한하였지만 미제스는 사회주의의 모든 추한 면을 면밀히 검토했다.

그의 눈에 띄는 공헌은 사회주의는 그 특성상 '경제적 계산의 문제'를 해결할 수 없기 때문에 실패할 수밖에 없다는 점을 지적한 것이다. 사회주의 정부는 노동과 자본, 토지와 그 외의 생산요소를 가장 잘 분배하는 방법을 알지 못한다. 그들은 어떤 상품을 생산하는 것이 사회적 이익이고 어느 것이 사회적 손실인지를 알지 못하기 때문에 각 상품, 또는 서비스를 얼마만큼씩 계획해야 할지를 모른다.

요컨대 미제스가 보기에 사회주의의 실현에 가장 어려운 점은 지적 능력이었다. 그것은 단순한 선의의 문제도, 개인적 보상 없이 열성적으로 협동하려는 자발성의 문제도 아니다. "만약 인간의 이성만 부여받는다면, 천사조차도 사회주의 사회를 형성할 수 없을 것이다." 자본주의는 이 경제적 계산의 문제를 공개시장에서 경쟁으로 결정되는 소비재와 생산재의 화폐 가격과 화폐 비용을 통해 해결한다.

이 단 하나의 업적에 근거해서 마르크스 경제학자이고 후에 폴란드 공산당 정치국Polish Politburo의 일원이 된 고 오스카르 랑게Oscar Lange는 한때 미래의 사회주의자들이 루드비히 폰 미제스의 동상을 세울 것을 제안했었다. 랑게는 "미제스의 강력한 도전 때문에 사회주의자들이 사회주의 경제에서 자원 배분을 유도하는 적절한 경제적 회계시스템의 중요성을 인식하게 되었다."고 말했다. 랑게는 적어도 문제를 알게 되었으며 자신이 해결했다고 생각했다. 사실 사회주의자가 그것을 해결하려면 자본주의를 채택하는 수밖에는 없다.

그 책은 그의 논리적 설득력뿐만 아니라 그의 감정의 깊이, 그의 지적 리더십의 힘, 그리고 무려 40여 년 전에 사태의 전개 방향을 판단했던 신통한 예지력을 잘 보여주기 때문에 나는 미제스의『사회주의』의 마지막 페이지의 한 문단을 인용하지 않을 수 없다.

"모든 사람은 자신의 어깨에 사회의 한 부분을 짊어지고 있다. 아무도 다른 사람에게 자신의 책임을 떠넘길 수 없다. 또 사회가 파멸로 다가가고 있다면 그 누구도 자신만의 안전한 탈출구를 찾을 수 없다. 그러므로 모든 사람은 자기의 이익을 위해서 지적 싸움에 스스로 적극적으로 뛰어들어야 한다. 누구도 무관심하게 방관할 수 없다. 모두의 이익이 그 결과에 달려 있다. 자신이 선택하건 안하건 모든 인간은 우리 시대가 우리를 던져 넣은 결정적인 투쟁, 거대한 역사적 투쟁에 휘말려 있다."

유명한 프랑스의 경제학자 자크 뤼에프Jacques Rueff가 전에 이렇게 말하였다. "미제스에 관해 들어본 사람들은 미제스의 논리적 설득력에 이끌려, 너무도 인간적인 소심함으로 인해 감히 가보려고 해보지 않은 곳으로 향하게 되는 것에 종종 놀라곤 한다."

부록 2

미제스의 사설 세미나

고트프리드 하벌러Gottfried Haberler의 회고담

1918년부터 히틀러의 점령까지 양 대전 사이의 시기는 오스트리아, 특히 비엔나에게는 정치적, 경제적으로 슬픈 시기였다. 신오스트리아, 즉 옛 오스트리아-헝가리 모나크의 전통적 체제의 붕괴와 전쟁으로 인한 극도의 소모와 파괴, 높은 인플레이션, 짧은 회복기 이후의 긴 불경기, 두 노선간의 내란, 그리고는 나치점령의 암흑기, 다시 전쟁, 파괴와 점령, 재난이 끊이지 않았다.

그러나 비엔나에서의 지식인의 삶은, 특히 과학 분야에서의 삶은 1930년대 중반 나치즘이 대두되기까지 흥미진진하고 활기찼다. 지식인들 사이에 수없이 연결되어 있는 국제적으로 유명한 여러 개의 과학센터들이 있었다. 그 중 가장 잘 알려진 학파로는 정신분석학, 한스 켈젠Hans Kelsen과 그의 여러 제자들이 세운 순수 법이론, 모리츠 슐리크Moritz Schlick과 루돌프 카납Rudolph Carnap을 중심으로 한 논리적 실증학파, 끝으로 그러나 결코 가벼이 볼 수 없는 것은, 올해 80회 생일을 맞고 있으며, 대학시절과 나중에는 제네바의 국제학대학원에서 근무했던 친구이자 동료인 한스 켈젠처럼 몸과 마음이 젊고 강건한 루드비히 폰 미제스 교수의 유명한 '사설세미나'에 중심을 둔 경제학자들, 사회학자들, 철학자의 집단이었다. 이런 여러 가지 집단의 창립멤버들 대부분은 1933년 이전에 비엔나를 떠났다. 그들 중 많은 사람들과 그들의 수많은 제자들이 전 세계 여러 대학교와 연구소에서 활동 중이다.

그 세미나의 정규참여자들은 몽페를랭학회의 몇 몇 회원이었다. 유명한 하이에크, 매클럽, 고 알프레드 슈츠Alfred Schutz가 있었고 초창기에는 존 반 쉬클John V. Van Sickle이 참여했다. 방문 학자들은 이 세미나에 초대되는 것을 큰 영광으로 여겼다. 그들 중 대표적인 사람들이 하워드 앨리스Howard S. Ellis(University of California), 3년 전 급작스럽게 세상을 떠난 래그나 넉시Ragnar Nurkse(Columbia University, New York), 칼 보드Karl Bode(Stanford University), 알프레드 스토니Alfred Stonier(University College in London)이며 그 외에도 많다. 오스카 모겐스턴Oskar Morgenstern(Princeton University), 당대 최고의 빛나는 경제학자였던 고 칼 슐레징거Karl Schlesinger와 리처드 스티글Richard Strigl, 무엇보다도 아래에 적어 놓은 노래[39]들을 만든 것으로 유명하며 결코 빼놓을 수 없는 펠릭스 카우프만Felix Kaufmann이 있다. 카우프만은 법경제학을 포함하는 광의의 사회과학 철학자였으며 그가 쓴 수학의 논리적 기초에 관한 책은 많은 논란의 대상이 되었지만 그는 이민한 후 1938년에 뉴욕대학의 New School for Social Research 교수로 합류했으며, 이곳에서 그의 강의는 12년 전 너무 일찍 세상을 떠나기 전까지 대성공이었다.

그 외 저명한 회원들로는 마사 브라운(Brooklyn College, New York), 발터 프뢰흘리히Walter Froehlich (Marquette University, Milwaukee, Wisconsin), 헬렌 리저Helene Lieser 박사(파리에 있는 국제경제학회의 비서직을 수 년 간 역임하였음), 일스 민츠Ilse Mintz 박사(뉴욕의 콜럼비아대학과 국립경제연구소), 에릭 쉬프Eric Schiff 박사(워싱턴), 엠마누엘 빈터미츠Emanuel Winternitz 박사(Curator of the' Musical Instrument Collection, Metropolitan Museum of Art, New York)가 있다. 세미나는 매주 금요일 오후 7시에 상공회의소 안에 있는 미제스 사무실에서 열렸다. 미제스는 자기 책상에 앉고 회원들은 그 주위에 둘러앉았다. 모임은 미제스가 자신이 쓴 글을 소개하거나 다른 회원이 경제이론, 사회과학의 방법론, 또는 경제정책의 문제들을 제기하는 것으로 시작하였다. 사회학, 특히 막스 베버Max Weber의 '사회학의 이해'와 그와 관련된 문제들이 단골주제였다. 활기에 찬 토론은 항상 10시까지 계속되었으며 모두가 가까운 이탈리아 음식점 '푸른 닻Ancora Verde'(카우프만의 노래에서는 Dergrune Anker)으로 걸어가서 저녁을 먹었다. 거기에서의 토론은 주로 이론의 세세한 점에 대해 계속되었으며 나중에는 대개 가벼운 분위기로 변했다. 11시 30분쯤 되어서 아직도 지치지 않은 회원들은 대학 건너편에 있는 쿤스틀러 카페Cafe Kunstler로 옮겼다. 이곳은 그 당시 비엔나의 경제학자들이 주로 찾는 만남의 장소였다. 미제스는 언제나 쿤스틀러 카페로 가는 씩씩한 사람들 중의 하나였으며 맨 마지막에 집에 갔다. 새벽 1시 이전에 간 적은 없었다.

다음날 아침 9시면 상쾌한 모습으로 연구실에 나갔다. 80의 나이에도 그는 여전히 늦게 자고 일찍 일어나는 습관을 유지했다.

1935년 미제스는 레파드W. E. Rappard의 제안을 받아들여 제네바의 국제대학원에 합류했다. 이곳에서 그는 미국으로 이민하는 1940년까지 강의하였다. 몇몇 제자들, 하이에크는 런던으로, 필자는 제네바로 먼저 떠났다. 1938년의 해가 저무는 때까지 비엔나에 남아 있던 이들은 외롭고 쓸쓸했다. 카우프만의 노래는 이런 감정을 감동적으로 표현했다.

미제스가 떠나고 앞에 말한 다른 학파들이 소멸되면서 비엔나의 지적 삶에는 커다란 공백이 남겨졌다. 그 공백은 제2차 세계대전 후 오스트리아의 눈부신 경제적, 정치적 부흥 이후에도 결코 채워지지 않았다.

부록 3

미세스가 나의 생각을 어떻게 바꾸었는가[40]

1920년대 유럽 경제학의 지적 환경

앨버트 후놀드 Albert Hunold

　루드비히 폰 미제스를 처음 만난 것은 1928년 9월 취리히에서 내가 준비한 '사회정치학 연합' 학회에서였다. 『자유주의』라는 미제스의 책을 읽은 직후였는데, 그것은 젊은 경제학도인 내게는 계시록이었으며 나는 그 저자를 꼭 만나고 싶었다. 독일에서 사회주의가 한창이던 20년대 말이었다. 나는 20대 초반에 사회당에 가담했다. '20대에 사회주의자가 아니면 가슴이 없는 것이고 40대에도 사회주의자라면 머리가 없는 사람이다.'라는 격언에도 있듯이 그것은 그 당신의 젊은이들이라면 당연한 일이었다.

　1872년 구스타프 슈몰러 Gustav Schmoller가 창립한 '사회정치학 연합'은 수십 년간 강단사회주의 조직으로 알려져 있었다. 취리히학회와 패널로는 두 명의 주 발표자가 있었다. 그 하나는 '자본주의의 위기'에 관해 강연할 베르너 좀바르트 Werner Sombart였고 다른 한 명은 '순환론'을 발표할 발터 오이켄 Walter Eucken이었다. 좀바르트는 그 당시 정치학의 거물이었지만 오이켄은 아직 별로 알려지지 않은 무명의 객원강사였다. 그 외에도 약 3백 명이 참가했다. 그 중 지칠 줄 모르고 사회주의 사상을 공격하는 순발력 뛰어난 신사가 있었는데, 바로 루드비히 폰 미제스였다.

내가 미제스의 생각에 대한 존경심과 좀바르트에 대한 경멸을 표현했을 때 취리히 대학에 있던 경제학과 교수가 얼마나 흥분했었는지 아직도 기억하고 있다. 젊은이들은 항상 구세대에 반대하고 동의하지 않으려고 한다. 그러나 내가 미제스의 글에 흥미를 느낀 것은 그런 이유에서만은 아니었다. 그것은 4년간 빈테르투르 교외 산업지구의 사회주의 교육청, 사회주의 행정가, 사회주의 시의회 하에서 중등교사로 재직해본 경험이 더 크다. 나는 모든 창의성과 자발성을 말살하는 사회주의 철학에 신물이 나 있었다.『자유주의』를 공부한 뒤, 나는 곧 사회주의에 대한 포괄적 비판을 다룬 1922년의 초판의『공동경제Die Gemeinwirtschaft』를 연구하기 시작했다. 당시 그것은 미제스의 대표작으로 여겨졌다.

이 책들 덕분에 내 생각을 완전히 바꿀 수 있었다. 비록 나는 1930년과 32년 두 번의 '사회정치학 연합'에 참여할 수는 없었지만, 이 모임에서 언급된 내용과 빌헬름 로프케Wilhelm Ropke와 알렉산더 루스토Alexander Rustow의 저술 등『사회정치학 논문집』에 실린 것들은 열심히 구해서 공부했다. 루스토는 1932년 드레스덴 학회에서 신자유주의의 초석이라고 생각할 수 있는 논문을 발표한 학자였다.

(후놀드 박사에게 사회주의에 관한 생각에 커다란 변화를 가져온 경험은 그에게만 국한된 것이 아닐 것이다. 그런 점에서 후놀드 박사는 폰 미제스 박사의 저서들을 읽은 수많은 독자들의 전형이라 하겠다.)

해제

책을 이해하기 위한 기본적인 미제스 이론

  이 책에 실린 글들이 이론서가 아니기 때문에 독자들이 읽고 이해하는 데 큰 어려움이 없을 것으로 보인다. 그럼에도 불구하고 독자들이 미제스의 기본적인 이론을 알면 더욱 더 쉽게 이해할 것 같아 이 책을 읽는 데 도움이 될 몇 가지 이론과 개념을 설명하고자 한다.

  첫째는 사회주의는 실패할 수밖에 없다는 사회주의의 경제계산 불가능성에 관한 것이다. 사회주의는 생산요소를 국가가 소유하므로 생산요소에 대한 사유재산권이 없으므로 생산요소가 교환되지 않는다. 생산요소가 교환되지 않기 때문에 그 가치를 알 방법이 없다. 각종 생산요소의 가격이 없기 때문에 생산요소를 사용하여 제품을 만드는 생산자는 여러 가지 제조방법 중에서 어떤 방법이 상대적으로 더 저렴한지에 대해 판단할 수 없다. 다시 말하면 경제계산이 불가능하다.

  가격시스템 부재로 인한 경제계산이 불가능하기 때문에 자원이 비효율적으로 사용될 수밖에 없다. 시장가격들은 희소한 자원에 대한 정보를 전달하고 경제활동을 효율적으로 조정하는 것인데, 사회주의에는 이러한 가격들이 없기 때문에 정부가 가격을 임의로 책정한다. 정부가 책정한 가격은 소비자의 욕구와 선호가 전혀 반영되지 않은 것으로서 자원 공급의 변화에 대한 잘못된 정보를 제공한다. 그래서 기업이 자원을 효율적으로 사용하는지, 소비자를 잘 만족시키는지에 대한 성과를 정확하게 측정할 장치가 없다. 기업의 성과는 단지 중앙계획당국이 내린 명령을 잘 이행했는지 여부에 따라 평가된다. 그러다 보니 귀중하고 희소한 자원이 끊임없이 낭비되며 쓸모없는 재화들이 생산된다. 자연히 경제가 쇠퇴해갈 수밖에 없고 사회주의 국가는 망하게 된다. 그래서 미제스는 사유재산 부재에 따른 가격 부재로 인해 경제계산이 불가능하기 때문에 사회주의가 실패할 수밖에 없다고 하는 것이다.

둘째, 인플레이션에 관한 것이다. 일반적으로 인플레이션은 일반 물가수준이 지속적으로 상승하는 현상을 말한다. 그러나 원래 인플레이션은 단지 통화량 팽창을 의미하였다. 다만 현대에 와서 통화팽창의 결과로 나타나는 지속적인 물가상승을 인플레이션으로 정의하고 있다. 미제스는 주로 인플레이션을 통화팽창의 의미로 쓰고 있다.

셋째, 경기변동에 관한 것이다. 중앙은행이 확대통화정책을 쓰면 신용이 팽창되어 이자율이 하락한다. 이자율이 하락하면 그동안 수익성이 없었던 투자 프로젝트가 갑자기 이익을 낼 수 있는 것처럼 보이게 되어 기업들로 하여금 그 장기 프로젝트를 실행하도록 한다. 한편 이러한 정부의 확대통화정책을 통한 낮은 금리로 인해 사람들이 저축할 유인이 줄어 더 많은 것을 소비한다. 그래서 자본재를 만드는 기업가뿐만 아니라 소비부문 역시 호황을 이룬다. 다시 말하면 모든 부문이 성장하는 것처럼 보인다. 고용이 증가하고 노동자를 고용하는 경쟁으로 인해 임금이 인상되는 등 사람들은 이러한 호황에 도취된다.

그러나 이러한 호황은 일시적인 것으로 지속가능하지 않다. 왜냐하면 신용팽창이 저축의 증가로 인한 것이 아니라 정부의 통화 팽창으로 유도된 것이기 때문이다. 기업 투자의 원천은 사람들의 저축인데, 저축이란 현재 소비를 연기한 것이다. 현재소비를 연기한다는 것은 사람들이 현재재화보다는 미래재화를 더 많이 요구한다는 의미다. 기업은 이에 맞춰 미래재화를 생산하기 위해 사람들이 저축한 재원을 바탕으로 투자를 한다. 그래서 시간이 흘러 미래 시점이 되면 기업이 투자해 생산한 재화가 사람들이 원하는 미래재화의 수요와 맞아떨어져 경제가 조화를 이루며 움직인다.

그런데 사람들이 실제로는 현재의 소비를 줄여 저축을 늘리지 않아 미래재화에 대한 수요를 증가시키겠다는 의사가 전혀 없음에도 불구하고 인위적으로 낮춰진 이자율로 잘못된 메시지를 전달받은 기업들이 투자를 늘리게 되면 미래에 재화의 공급이 소비자들이 원하는 수요보다 많아지는 과잉생산이 초래된다.

이렇게 중앙은행의 확대통화정책에 따른 인위적인 저금리로 저축과 투자 간의 불일치가 초래돼 시간의 흐름에 따라 점점 생산의 조정에 혼란이 발생한다. 그리고 장기 프로젝트를 완수하려는 기업은 노동과 원자재 등이 필요한 만큼 충분하지 않다는 사실을 알게 된다. 실제 저축총량은 기업가들의 예상보다 적은 것으로 드러나고, 따라서 장기프로젝트에 필요한 생산요소가 기업가들이 원하는 양에 비해 매우 적은 것으로 드러난다. 그렇게 되면 노동과 자원의 가격이 오르게 되고 기업가들이 예상했던 것보다 사업에 필요한 비용이 상승한다. 예상하지 못했던 투입요소의 가격상승을 감당할 수 없어 투자 프로젝트가 중단될 수밖에 없다. 그로 인해 실업이 증가하고 불황이 찾아온다.

넷째, 통화팽창에 따른 소득불평등에 관한 것이다. 정부가 통화정책을 통해 통화량을 늘릴 경우 그 새로 투입된 통화량은 구성원 모두에게 동시에 똑같이 배분되지 않는다. 중앙은행이 통화량을 늘리는 통화정책을 사용하면 증가한 통화량은 제일 먼저 은행의 지준금으로 들어가 은행을 통해 시중에 나오게 된다. 은행대출을 통해 새로운 화폐를 다른 사람들보다 먼저 입수한 사람이 있다. 그는 새로 입수한 통화를 특정 재화에 지출한다.

그러면 그 재화의 가격이 상승한다. 그 재화를 판 사람은 자신의 화폐보유가 증가했다는 것을 인지하게 된다. 그 사람은 증가한 화폐를 이용하여 자신이 원하는 재화와 서비스를 구매하는 데 사용한다. 그러면 그가 구매한 재화와 서비스의 가격이 그 다음으로 오른다. 모든 재화와 서비스의 가격이 동시에 같은 비율로 상승하지 않기 때문에 재화와 서비스들의 상대가격에 변화가 발생한다.

뿐만 아니라 이러한 상대가격 변화 과정에서 소득불평등이 발생한다. 최초에 새로운 통화를 입수한 사람은 재화와 서비스의 가격들이 오르기 전에 보다 많은 화폐량을 가지고 있기 때문에 그의 실질 구매력은 다른 사람들에 비해 높다. 그러나 가장 나중에 접근한 사람은 거의 모든 재화와 서비스의 가격이 오른 뒤이기 때문에 새로운 화폐가 수중에 들어와도 실질 구매력은 증가하지 않는다. 그래서 새로 유입된 화폐에 먼저 접근한 사람일수록 실질 구매력이 높아진다. 이렇게 새로운 화폐를 먼저 입수한 사람과 나중에 입수한 사람 간에 실질소득의 차이가 발생하게 된다.

NOTES

1 1945년 3월 30일 펜실베이니아 주 필라델피아에 있는 미국 정치·사회과학원에서 행한 강연임.
2 1950년 4월 18일 뉴욕의 University Club에서 강연한 것임. 1950년 5월 4일 *Commercial and Financial Chronicle*에 처음 실림. 파리의 SEDIF판에 프랑스어로 번역됨. 영어판은 1951년 1월에 별책으로 인쇄되었음.
3 Lenin, *State and Revolution*(Little Lenin Library No. 14, New York, 1932) p.84.
4 Ibidem p. 44.
5 *Plain Talk*, 1949년 1월(편집자 Isaac Don Levine의 허가 하에 재출판됨) *Vraagstukken van heden en morgen*의 제10권으로 네덜란드 변역본이 *the Comite ter Bestudering van Ordeningsvraagstukken*에 의해 출판됨.
6 특히 A. Ooeken, *Die Maxime laissez faire et laissez passer, ihr Ursprung, ihr Werden*, Bern 1886; G. Sehelle, *Vincent de Gournay*, Paris 1897, pp. 214~226.
7 John Stuart Mill, *Autobiography*, London, 1873, p. 191.
8 J. E. Cairnes, *Political Economy and Laissez Faire* (1870년 11월 런던의 University College에서 한 기조강연). *Essays in Political Economy*, London 1873, pp. 232~264에 재수록.)
9 Cairnes, p. 244~245.
10 Cairnes, p. 250.
11 Cairnes, p. 246.
12 W. Sombart, *Deutscher Sozialismus*, Charlottenburg 1934, p.2HJ.(미국판: *A New Social Philosoph'YI* translated by K. F. Geiser, Princeton 1937. p. 194.)
13 Cairnes, p. 251.
14 A.H. Hansen, *Social Planning for Tomorrow*(in: The United States after the war, Cornell University Lectures, Ithaca 1945), pp. 32~33.
15 Laski's Broadcast, *Revohttion by Consent,* reprinted in *Talks,* Vol. X, Number 10, p. 7 (October 1945).
16 A. Gray, *The Socialist Tradition Moses to Lenin,* London 1946, p. 385.
17 L. Brentano, *1st das "System Brentano" zusammengebrochen?* Berlin 1918, p. 19.
18 현 저자는 한편에 '긍정적', '건설적' 사회주의와 간섭주의 놓고, 다른 편에 불간섭주의의 '부정적' 자유주의를 놓고 구분하는 것에 대한 이의를 그의 논문 *Sozialliberalismus*에서 피력함. 1926년 Zeitschrift fur die Gesamte Staatswissenschaft에 처음 출판됨. 1929년 그의 저서k *Kritik des Interventionismus,* pp. 55~90에 다시 실림.

19 *Plain* Talk, March 1948. (편집자 Isaac Don Levine의 허가를 받아 실었음.)
20 Lorie Tarshis, *The Elements of Economics}* New York 1947, p.565.
21 *The Freeman*, October 30, 1950.
22 P. M. Sweezy in *The New Economics*, Ed. by S. E. Harris, New York, 1947, p.105.
23 Professor G. Haberler, *opus cit.*, p.161.
24 Keynes, *Opus cit.*, p.332.
25 *The Commercial and Financial Chronicle*, December 20, 1945.
26 *The Commercial and Financial Chronicle*, February 23, 1950.
27 *Plain Talk7* February 1950. (편집자 Isaac Don Levine의 허가 하에 재출판함.)
28 "구 사회질서에 더 침투하는데 필요하며"이란 말은 공산당 선언의 독일어판 원본에는 없었고 후에 승인되어 나온 독일어판에도 없다는 점을 아는 것이 중요하다. 그 말은 1888년 Engels가 삽입한 것으로서 "Authorized English Translation, edited and annotated by Frederick Engels."이란 부제로 출판된 Samuel Moore의 번역본에 있다.
29 프랑스 Beauvallon에서 1951년 9월 9일부터 16일까지 열린 Mont Pelerin Society의 학회에서 발표하기 위해 준비한 원고임. 같은 해에 리버테리언 출판사에서 만든 영어로 된 소책자(절판)에도 있음.
30 Mises, *Human Action*, Yale University Press, 1949, pages 305~307; *Bureaucracy*, Yale University Press, 1944, Pages 40~73.
31 L. Susan Stehbing, *Thinking to Some Purpose*. (Pelican Books A44), p.185~187.
32 Lenin, *State and Revolution*, 1917 (Edition by International Publishers, New York, pages 83~84).
33 *Christian Economics*, March 4, 1958.
34 *The Freeman*, April 7, 1952.
35 *The Freeman*, February 12, 1951.
36 *Farmand*(February 17, 1951, Oslo, Norway)에 처음 실림.
37 헨리 헤즐릿 박사의 허락을 받아 *Barron's National Business and Financial Weekly*, October 1, 1973을 다시 실음.
38 Libertarian Press가 재출판한 *Shorler Classics of Bohm-Bawerk*에 있으며, "Unresolved Contradiction in Marxian Economic System."이란 새 제목으로 실려 있음.
39 여기에는 적어 놓지 않았음.
40 *The Mont Pelerin Quarterly*, Volume III, October 1961, No.3, page 16.

찾아보기

가격구조 80
가격상한제 36
가격통제 36, 39, 79, 82, 83, 84, 106, 131
가난 80
가치판단 118
간섭주의 19, 20, 23, 24, 46, 56, 137, 158, 167, 195
개인주의 46, 133, 171
경제학 47, 62, 122, 158, 166, 173, 181, 182
공장 17, 43, 96
관료주의 62, 115, 163
관변학자 162
교환비율 72
국가 20, 24, 29, 39, 43, 57, 63, 67, 74, 79, 97, 109, 135, 141
기업가 20, 30, 34, 36, 80, 113, 114, 119, 131, 141, 142
노동 81, 113
노예 100
노조활동 26

누진세제 44
대중 46, 111, 119
무정부 35, 53, 107
불황 72, 161
비관주의 176
사회주의 17, 30, 34, 35, 38, 39, 40, 43, 44, 56, 59, 79, 83, 99, 101, 114, 137, 138, 144, 145, 158~161, 164, 172, 176, 180~183, 189, 192
소득 20, 84, 122, 135, 176
소비자 29, 113, 115, 120, 147, 176, 177
소유권 182
신용팽창 68, 150, 151, 178, 192
실업 27, 68, 147, 161, 193
외환통제 43, 57, 136
욕구 52, 124, 141
이윤 26, 44, 55, 69, 123, 127, 129, 130, 131, 139
인플레이션 28, 59, 66, 68, 82, 85~87, 92, 93, 106, 126, 127, 147, 151, 152, 153, 185

찾아보기 **197**

임금　20, 21, 25, 26, 28, 30, 38, 44, 67,
　　　 87, 89, 90, 101, 124, 147~152, 154,
　　　 155, 177
자본주의　20, 22, 26, 27, 34, 36, 38, 40,
　　　 42, 49, 79, 101, 102, 108, 111, 114,
　　　 135, 136, 138, 139, 142, 144, 145,
　　　 166, 171, 172, 176, 180
자본투자량　96
자유기업　17, 31, 40, 84, 179
자유방임　36, 176
자유방임주의　47
자유주의　22, 48, 49, 50, 104, 176, 181,
　　　 188, 189
진보주의　50, 69, 99, 103, 104, 162, 163
질서　79
질투심　123
착취　33, 100
최저임금　67
탐욕　141
통화량　66, 69, 74, 85, 86, 150, 192
통화정책　26, 150, 151
투표　115
평균수명　139
평등　182

저자 및 역자 소개

루드비히 폰 미제스 Ludwig von Mises

오스트리아 출신의 경제학자로 사회철학자이면서 오스트리아학파의 전통을 계승한 현대 자유주의 경제학의 대표적인 학자로 손꼽힌다. 1906년 비엔나대학을 졸업한 후 1909~1934년에는 오스트리아 상공회의소 경제고문을 지냈으며, 1934~1940년에는 제네바의 고등국제연구원 경제학 교수를 역임했다. 그리고 1945년부터 1969년까지 뉴욕대학의 객원교수를 지냈다. 『화폐와 신용의 이론』(1912), 『사회주의』(1922), 『자유주의』(1927), 『관료주의』(1944), 『전능한 정부』(1944), 『인간행동』(1949), 『반자본주의정신』(1956), 『이론과 역사』(1957) 등 수많은 저서와 논문들이 있다.

안재욱 Jaewook An

1954년 전라북도 군산에서 출생하여 경희대학교 경제학과를 졸업하고 미국 오하이오 주립대학교에서 경제학 박사 학위를 취득하였다. 현재 경희대학교 경제학과 교수로 재직 중이다. 경희대학교 부총장, 한국하이에크소사이어티 회장, 한국제도경제학회 회장을 역임했고, 한국경제신문 객원논설위원으로 활동했다. 주요 저서로는 『경제학 – 시장경제원론』(공저), 『세계경제를 바꾼 사건들 50』(공저), 『자본주의 오해와 진실』(공저), 『흐름으로 읽는 자본주의 역사』, 『새경제학원론』(공저), 『시장경제와 화폐금융제도』, 『응답하라! 자유주의』, 『얽힌 실타래는 당기지 않는다—시장경제와 정부의 역할』, 『피케티의 〈21세기 자본〉 바로읽기』(공저) 등이 있으며, 역서로는 『한 권으로 읽는 국부론』, 『도덕 감성』(공역), 『화려한 약속 우울한 성과』(공역)가 있다.

이은영 Eunyoung Lee

1958년 인천에서 출생하여 숙명여자대학교 교육학과 졸업 후, 미국 오하이오 주립대학에서 교육행정학 박사학위를 받았다. 숙명여자대학교, 동국대학교, 경희대학교에서 강의를 했으며, 『도덕 감성』(공역), 『화려한 약속 우울한 성과』(공역) 등의 역서가 있다.